Using SAS in Accounting Research Methods

:The Analysis and Use of Financial Statement

SAS 在会计学研究中的应用

저자 전성일 · 이기세
역자 Panpan Feng

About the Authors

전성일

Seongil Jeon is professor of accounting in the School of Business at Chonnam National University (in Korea). Prior to joining Chonnam National University, he was research professor of School of business SungKyunKwan University (2002-2004). He holds a Ph.D. in accounting from KyungHee University. Articles by Professor Jeon have appeared in Asia-Pacific Journal of Financial Studies, Korean Journal of Financial Studies, Korean Accounting Review, Korean Management Review, Korea International Accounting Review, Korean Accounting Journal, Tourism Management, SAGE Open, and other international and Korean academic journals. Most of articles published by Professor Jeon are empirical ones examining earning management practices and value-relevance of financial reporting in the stock markets. His research interests are in the areas of intangibles assets, stock price crash risk, disclosure quality, and market efficiency. He has taught accounting principles, intermediate accounting, capital market accounting seminar, and accounting research methods. Professor Jeon is an author of many well-known accounting books in Korea including IFRS Intermediate Financial Accounting. He has been the recipients of numerous outstanding paper or research awards from various accounting academic organizations and from the university he is affiliated with.

作者介绍

田盛一，韩国国立全南大学经营学院会计学专业教授，曾是韩国成均馆大学商学院研究教授(2002-2004)，博士毕业于韩国庆熙大学会计学专业。近年来，在 Asia-Pacific Journal of Financial Studies, Korean Journal of Financial Studies, Korean Accounting Review, Korean Management Review, Korea International Accounting Review, Korean Accounting Journal, Tourism Management, SAGE Open等国内外期刊发表论文数篇。已发表的论文大多是盈余管理和上市公司财务报告价值相关性等有关的实证研究。主要研究方向为无形资产，股价崩盘风险，会计信息披露质量和资本市场效率。主要讲授课程有：会计学原理，中级财务会计，资本市场会计seminar,会计学研究方法论。主编著书有：《IFRS中级财务会计》。

이기세

ki Se Lee is Part—time Lecturer, in the School of Business at Kumoh National Institute of Technology, Changwon National University, Yeungnam University. he was Post-doctoral researcher of School of business Kyungpook National University. He holds a Ph.D. in accounting from Channam National University. His research interests are in the areas of high-grow firm, Credit rating, and DEA.

Panpan Feng

Panpan Feng is lecturer of accounting in the College of Economics and Management at Zhengzhou University of Light Industry (in China). She holds a Ph.D. in accounting from Chonnam National University. Articles by Ph.D. Feng have appeared in Korean Management Review, Korea International Accounting Review, and other Korean academic journals. Most of articles published by Ph.D. Feng are empirical ones accounting information quality and value-relevance of financial reporting in the stock markets. Her research interests are in the areas of stock price crash risk, disclosure quality, and market efficiency. She has taught accounting principles, auditing theory and practice.

冯攀攀，郑州轻工业大学经济与管理学院，讲师，博士毕业于韩国国立全南大学会计学专业，近年来在Korean Management Review, Korea International Accounting Review等期刊上发表论文数篇。已发表的论文大多是有关会计信息质量和上市公司财务报告价值相关性等的实证研究。主要研究方向为股价崩盘风险，会计信息披露质量和资本市场效率。主要讲授课程有：基础会计学，审计理论与实务。

前 言

对于会计学专业的人来说，能统计地分析企业的财务资料是不可缺少的。经常见到有很多会计学专业的学生，在收集完资料之后，对于统计学的分析方法和对结果的解析感到有不少困难。

这本书旨在提升会计学专业的人士对统计分析的理解，介绍近些年来会计学研究方法论中主要运用的基本的统计学概念和使用SAS统计程序的多样的分析技法。

一般来说，首次接触SAS软件程序的学生会认为复杂的程序命令和多种的结果分析非常难。但是，通过本教材可以帮助理解管理学统计的基本概念，对SAS统计软件进行实操练习的话，可以很容易地在财务领域或者会计学领域对其进行多样的应用。

还有，为了提高读者的理解力，作者以面向会计学专业的研究生课堂上讲授的内容为基础，介绍一些会计学的例题。通过此，详细地说明了会计学和财务研究领域中主要使用的基本的分析方法。

以这样基本的想法，对本书的内容以下面的顺序进行了构成。

第一章介绍了SAS，在第2章和第3章中，介绍了描述性统计的基本概念和使用 SAS进行资料的加工及概括方法。在第4章中，描述了统计学的概念及假设设定，从第5章至第12章中，描述了实际的会计学研究中常使用的多种的统计分析方法。之后，在事例研究中介绍了盈利持续系数，操控性应计利润，二阶段回归分析等会计学研究中使用的高级统计分析方法。最后，为了提取企业的财务数据，对使用最多的 KIS-VALUE的使用方法进行了介绍。

在编写本书时，作者对提高此书和其他的SAS统计分析书本的差异性思考了很多。本书不是一般的统计学书，也不是难懂的计量经济学书，而是通过多个实操例题帮助对基础统计学和计量经济学的理解而编写。因此，通过此书，希望大多数会计学专业学生的方法论能力得到提升。

本书是首版，可能会有错别字和描述上的不通顺，希望读者批评指正。对于此，本书的所有作者都负有责任，以后必将努力会对本书进行持续的修正和完善，争取能将其成为一本通俗易懂的且有用的教材。

最后，对于本书中实操部分使用到的所有例题文件都可以通过此网站下载并使用。http://www.nowpublisher.co.kr/

2021年　6月

作者代表 田盛一

目 录

CHAPTER 1

SAS 介绍

SAS(Statistical Analysis System)是1966年美国的SAS Institute开发出来的一种软件。在SAS开发之初期，只是以统计分析，资料整理等为目的来使用，但随着不断发展，如今可应用范围已经扩展到 OR，计量经济学，质量管理等领域。

现如今除上述分析目的以外，作为系统构建时以使用者为中心的一种电脑语言或者作为综合信息系统的作用正在不断增强。

这样的SAS具备以下特征。

① 对话型运作方式：输入相关程序之后立即处理数据。

② 和外部文件的互换性：SAS Data set可以和外部的原始文件(Excel, Text 等)互换。

③ 文件管理的效率性：可输入与输出各种文件，卓越的文件管理能力可以非常有效率地进行文件管理和处理。因此很容易编辑各种报告书。

第1节 SAS的 画面和主要功能

运行SAS软件的话，画面上方有菜单，在此下方有程序输入栏和工具栏。

SAS 画面有搜索，程序编写窗，执行结果，log，最下面部分有操作标识。

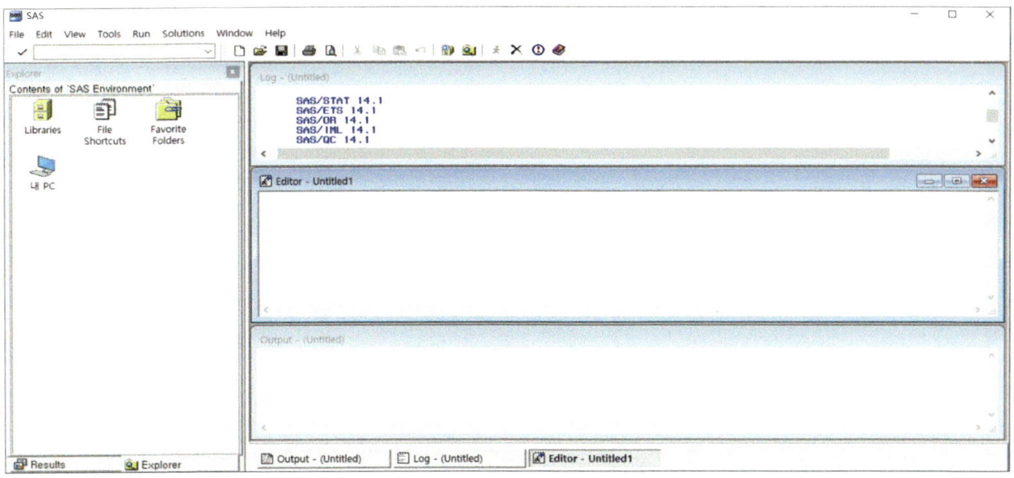

[图 1-1] SAS 画面

① 编辑程序 (Enhanced Editor Window)

这是为了运行软件的窗口。在此窗口输入程序然后运行，以及可以导入或者存储程序。

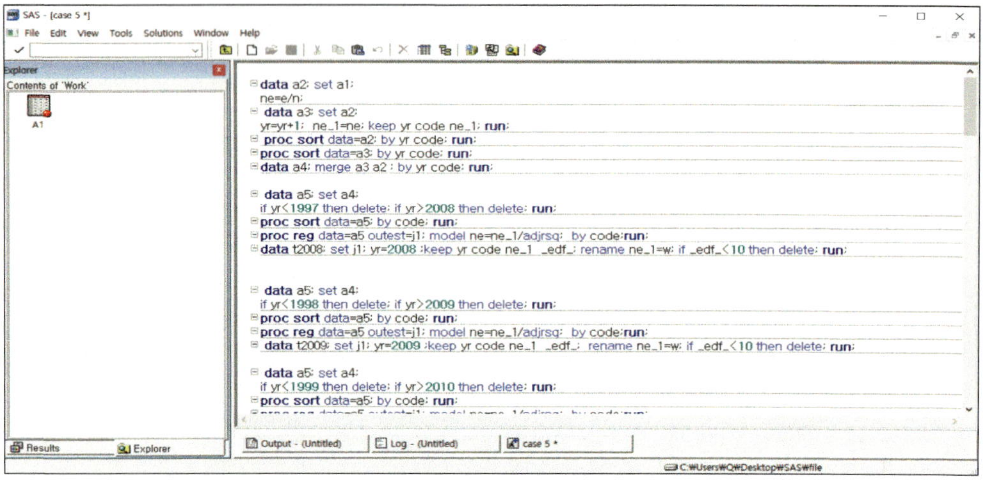

[图1-2] 编辑程序窗

② 执行结果 (Results Window)

这是运行程序之后执行结果的窗口。可以存储执行结果或者打印，可以复印整体或者一部分粘贴到 Word, Excel等办公软件里。

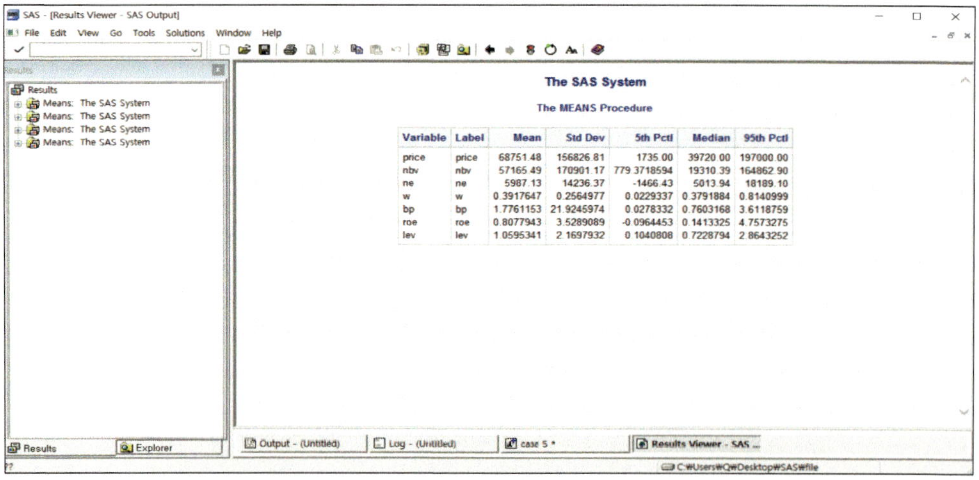

[图 1-3] 执行结果

③ Log (Log Window)

可以确认编写的程序是否存在错误，如果存在错误，通过此处可以检查到在哪个部分出现的错误。

④ 搜索 (Explorer Window)

为接近Dataset提供的中央接触支点。使用此窗口可以打开SAS文件，并且可以移动，删除，复制文件。

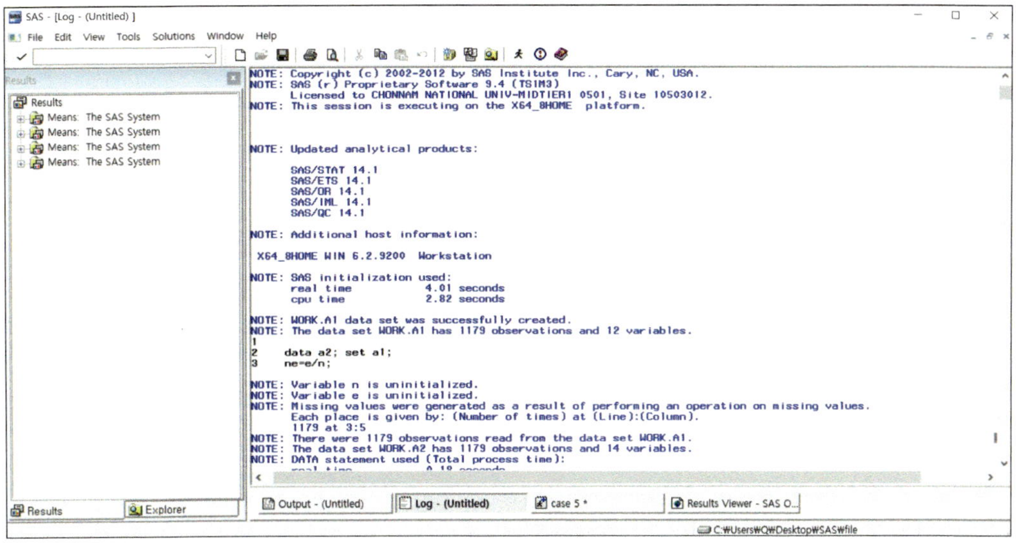

[图 1-4] LOG窗

第2节 导入数据

1) 通过SAS Data set导入Excel 文件的方法

① 加工 Excel文件

② 存储 Excel文件

③ 在SAS里导入文件

④ 指定将变换的文件名称

⑤ SAS Data set生成以及存储

⑥ 确认最终文件

第1步 ： 加工 Excel文件(重新命名变量的英文名)

变量定义 ： 年度(yr), 企业名称(code), 公司规模(size), 产业分类(ind), 股价(price), 纯利润(e), 广告宣传费(ad), 营业收入(sale), 研发费(rd)

A1 fx yr

	A	B	C	D	E	F	G	H	I
1	yr	code	size	ind	price	e	ad	sale	rd
2	2015	15	1	1	160	4,000	2,800	9,600	5,600
3	2014	15	1	1	180	4,500	3,150	10,800	6,300
4	2013	15	1	1	200	5,000	3,500	12,000	7,000
5	2012	15	1	1	250	6,250	4,375	15,000	8,750
6	2015	25	2	2	270	6,750	4,725	16,200	9,450
7	2014	25	2	2	290	7,250	5,075	17,400	10,150
8	2013	25	2	2	300	7,500	5,250	18,000	10,500
9	2012	25	2	2	400	10,000	7,000	24,000	14,000
10	2015	35	1	3	450	11,250	7,875	27,000	15,750
11	2014	35	1	3	480	12,000	8,400	28,800	16,800
12	2013	35	1	3	490	12,250	8,575	29,400	17,150
13	2012	35	1	3	320	8,000	5,600	19,200	11,200
14	2015	45	2	4	330	8,250	5,775	19,800	11,550
15	2014	45	2	4	400	10,000	7,000	24,000	14,000
16	2013	45	2	4	500	12,500	8,750	30,000	17,500
17	2012	45	2	4	540	13,500	9,450	32,400	18,900
18	2015	55	1	5	580	14,500	10,150	34,800	20,300
19	2014	55	1	5	600	15,000	10,500	36,000	21,000
20	2013	55	1	5	80	2,000	1,400	4,800	2,800
21	2012	55	1	5	110	2,750	27,500	6,600	55,000
22	2015	65	2	6	100	2,500	1,750	6,000	3,500
23	2014	65	2	6	120	3,000	2,100	7,200	4,200
24	2013	65	2	6	60	1,500	1,050	3,600	2,100
25	2012	65	2	6	70	1,750	1,225	4,200	2,450

[资料 1-1] 公司财务指标

第2步 ：导入 Excel文件

(在菜单里选择file – 导入数据)

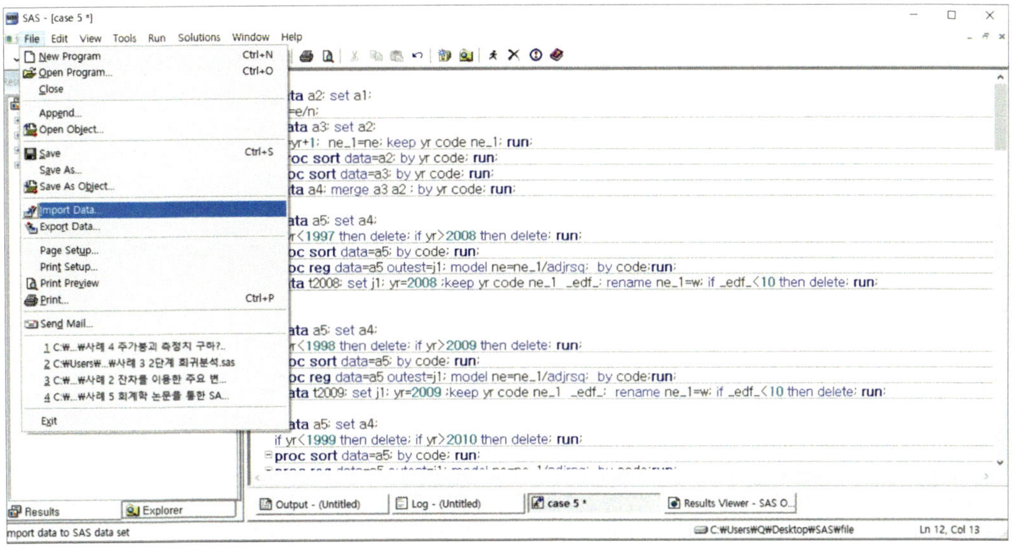

[图 1-5] 导入文件 第2步

第3步 ：选择被选定文件的格式后点下一步Next

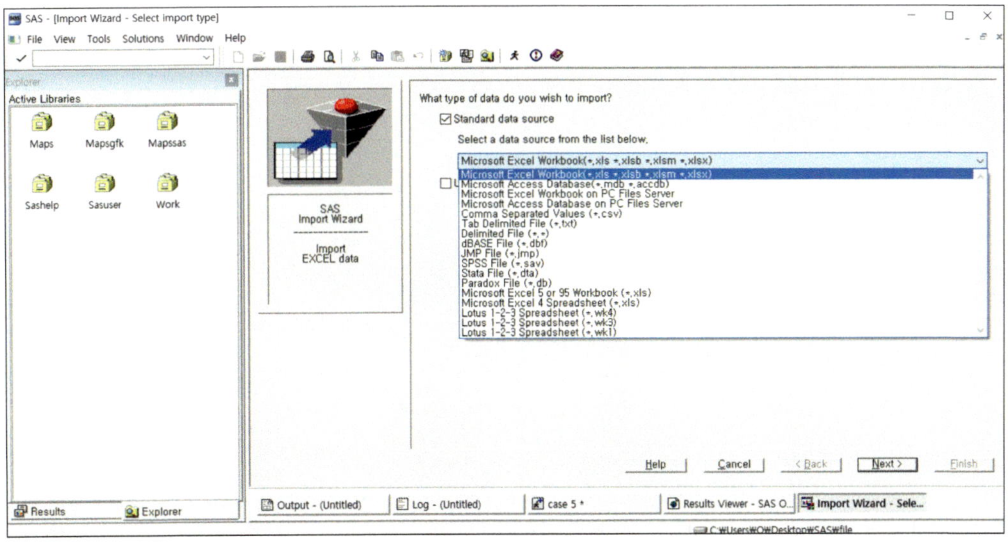

[图 1-6] 导入文件 第3步

第4阶段：选择导入文件的位置

Browse ⇨ 桌面 ⇨ 我的文件 ⇨ SAS文件夹 ⇨ 财务指标文件

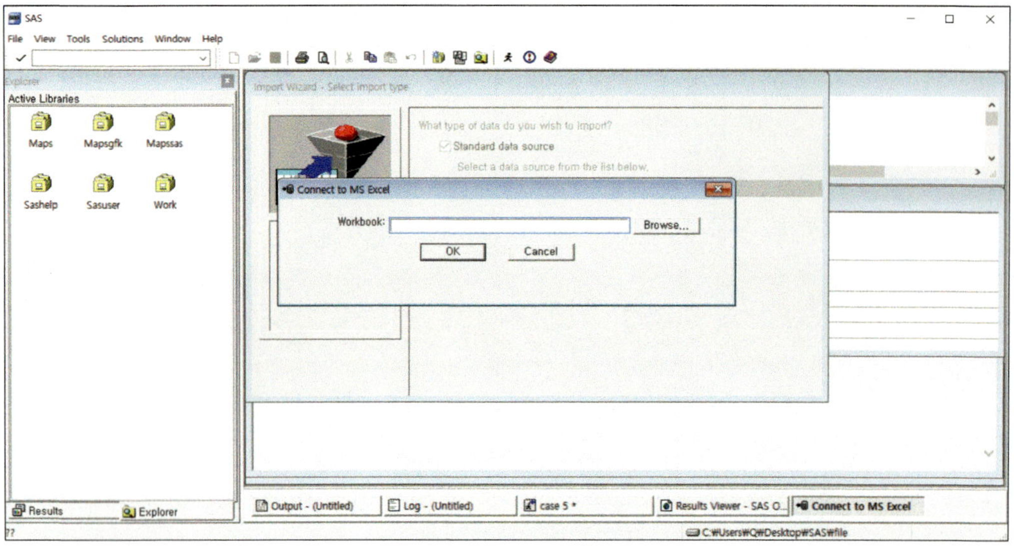

[图 1-7] 导入数据 第4步

第 5步：选择文件

桌面 ⇨ 我的文件 ⇨ SAS文件夹 ⇨ 财务指标 ⇨ 打开

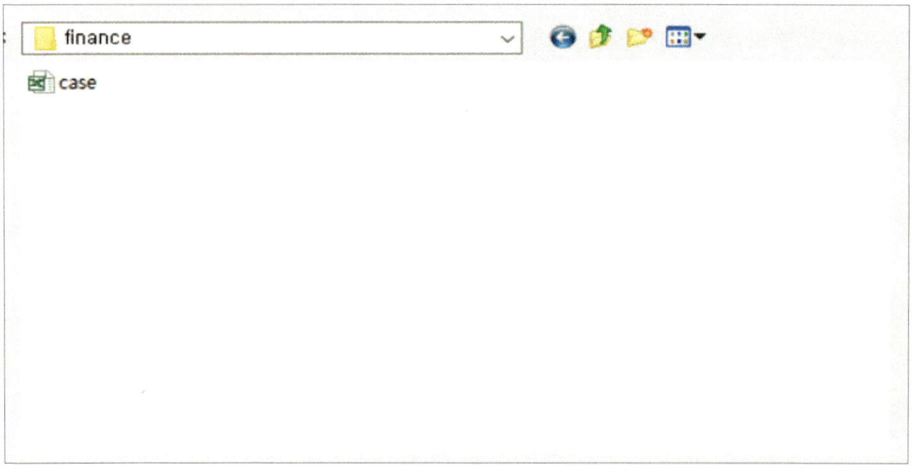

[图 1-8] 导入文件 第5步

如发生选择的文件不显示的情况，可以选择文件格式里的所有格式。

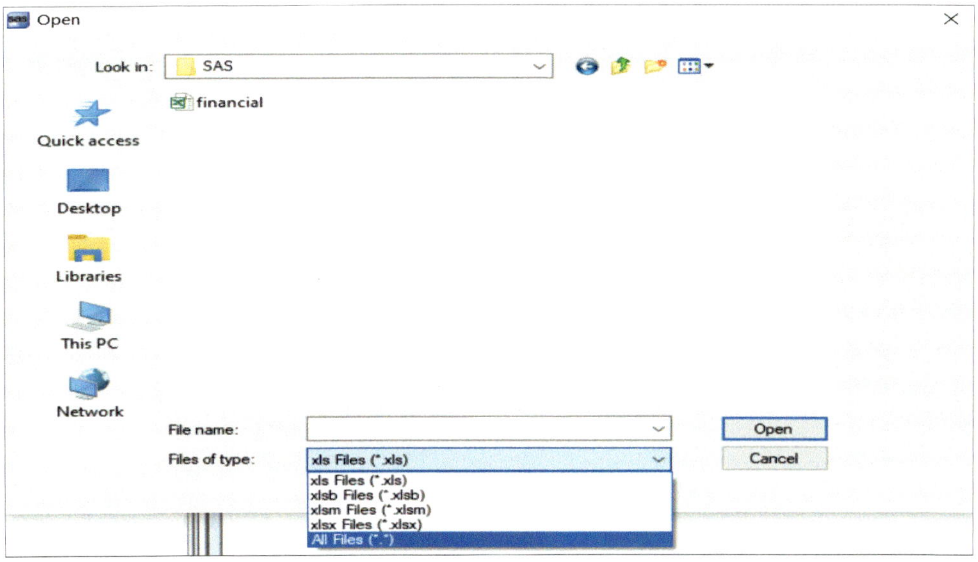

[图 1-9] 选择文件

第6步 ： 确定文件位置后点击OK

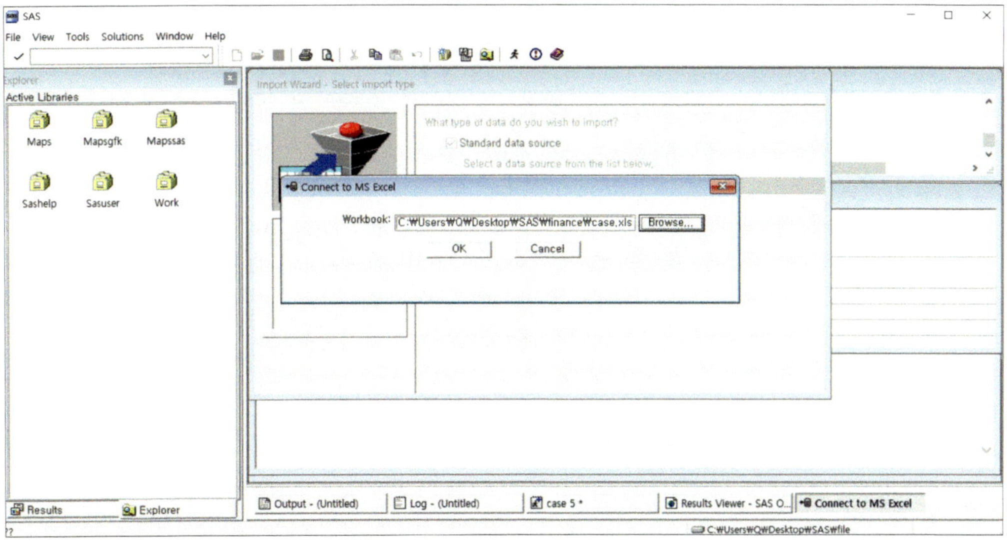

[图 1-10] 导入文件 第6步

第 7步 ： 选择相关文件的Sheet

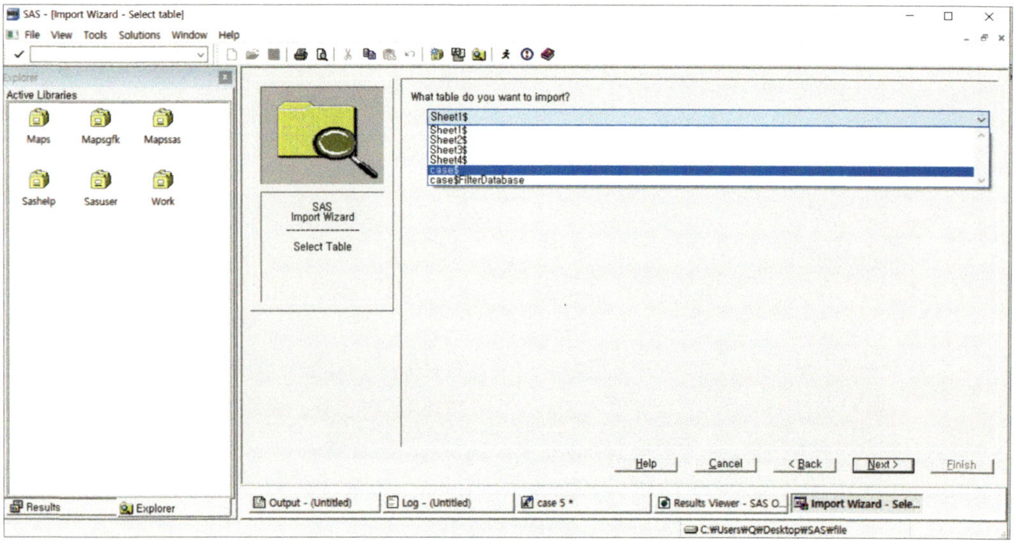

[图 1-11] 导入数据 第7步

第 8步 ： 命名转变为SAS Data的文件名 (命名为“A1”)

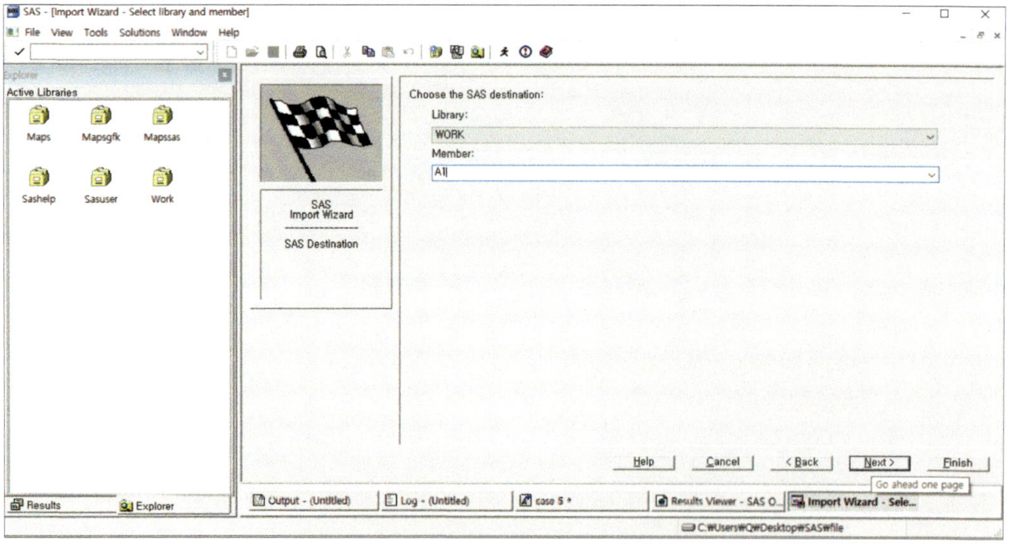

[图 1-12] 导入文件 第 8步

第 9步 ：点击 Finish

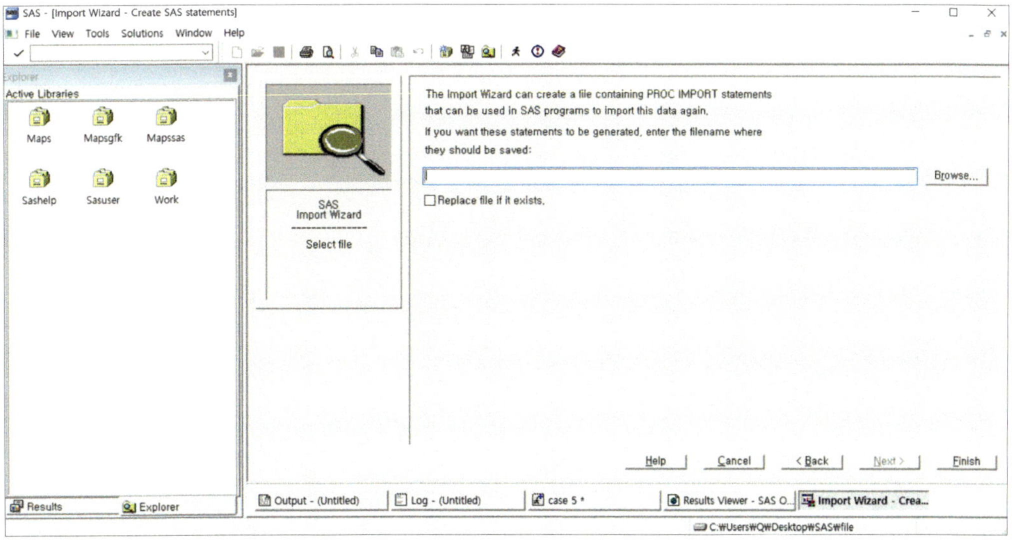

[图 1-13] 导入文件 第9步

第 10步 ：确认生成的SAS Data set

所有过程结束时SAS的Log画面会出现 "成功生成NOTE: WORK. A1 数据sheet"这样的消息。

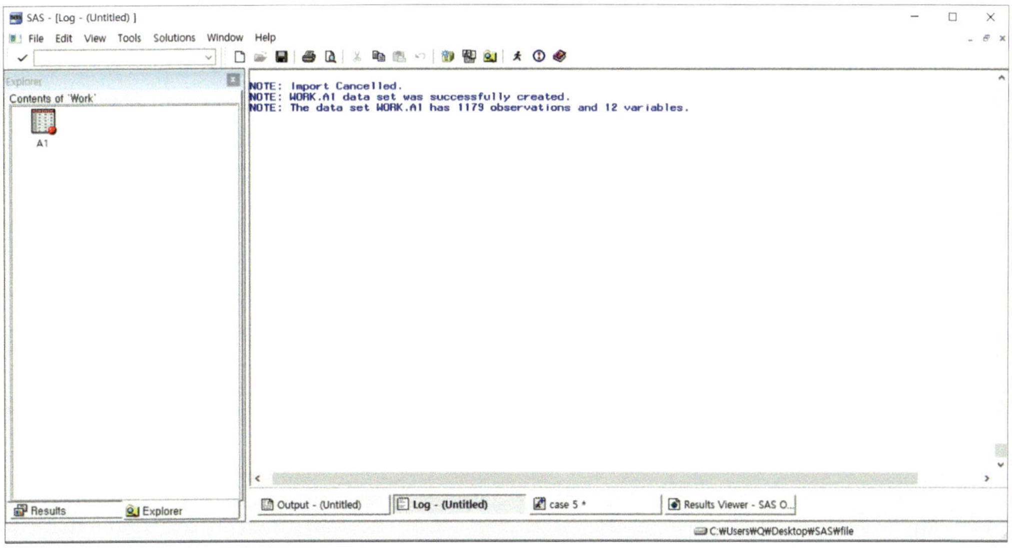

[图 1-14] 导入文件 第 10步

在搜索窗里选择 **Library - Work**确认文件 "**A1**"是否正常生成。

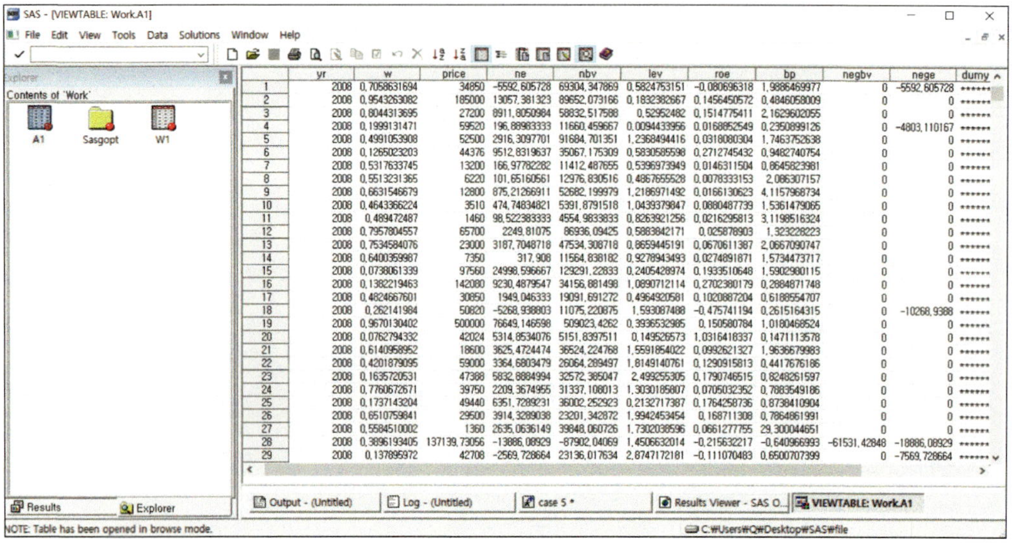

[图 1-15] 最终生成 "A1" 文件

第3节 在编辑器里使用SAS Data Set直接导入的方法

在扩张编辑器里输入以下程序。

程序

```
① proc import
② out=work. a1 replace
③ datafile="C:\Users\Q\Desktop\SAS\finance\case. xls";
④ sheet="case"; ⑤ run;
```

① 为导入data的程序。

② 对导入的 data, 指定为文件"A1"。

③ 导入的文件所在位置, 'xls'是指的是文件形式。

④ Excel文件中 Sheet是选择名为 "case"的 "sheet"。

⑤ 运行(run)。

执行结果

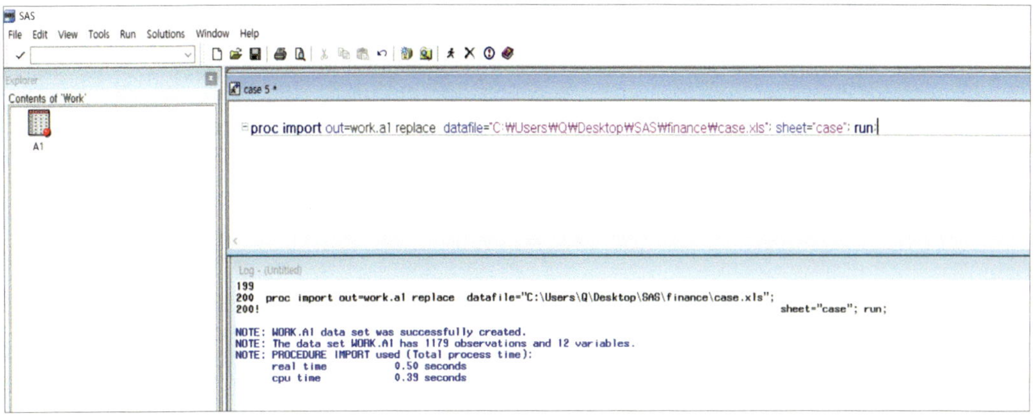

[图 1-16] Log 确认

第4节 在SAS里导出数据

导出List1文件

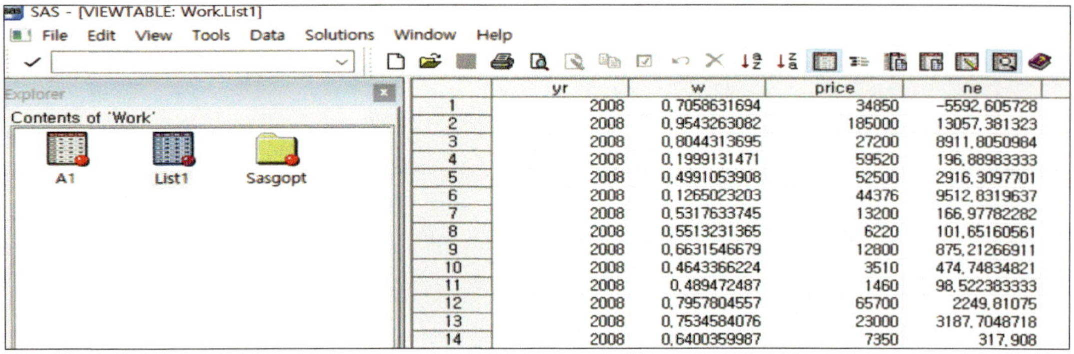

[图 1-17] List1 文件

第1步：点击List1右侧鼠标选择导出(X)

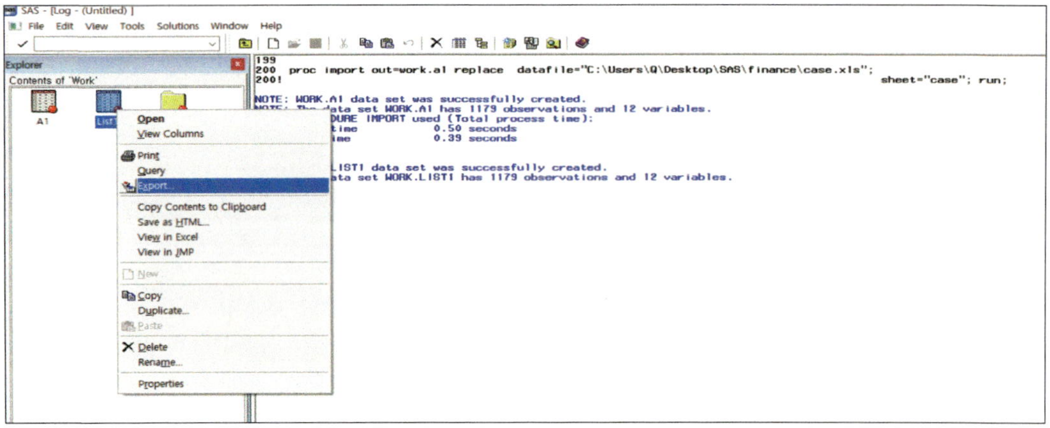

[图 1-18] 导出文件 第1步

第 2步：选择导出对象文件为 List1后点击 Next

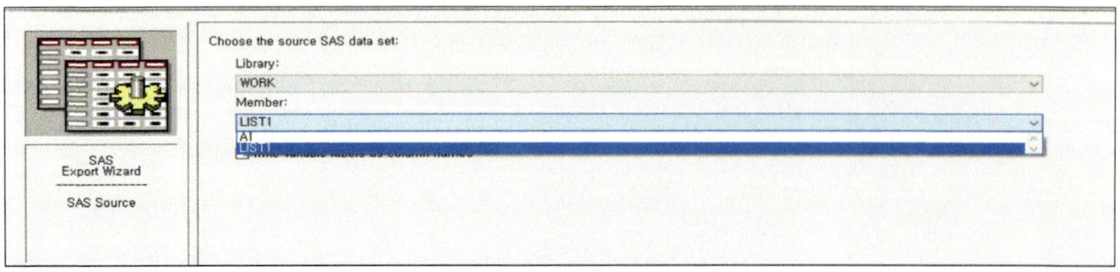

[图 1-19] 导出文件 第2步

第 3步：选择导出对象文件的格式后点击 Next

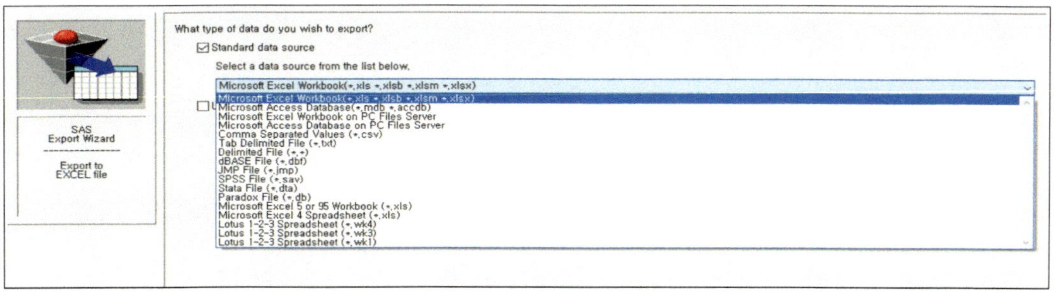

[图 1-20] 导出文件 第3步

第 4步：选择存储文件的位置

Browse ⇨ 桌面 ⇨ 我的文件 ⇨ SAS 文件夹

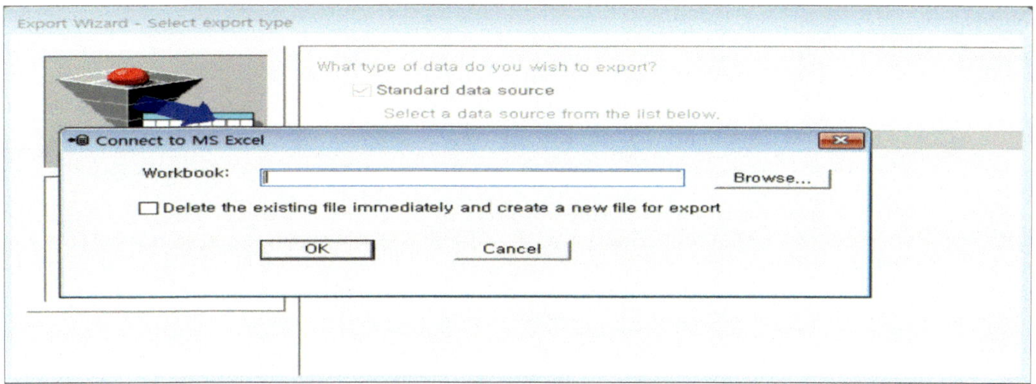

[图 1-21] 导出文件 第4步

第 5步：输入存储文件名后点击保存

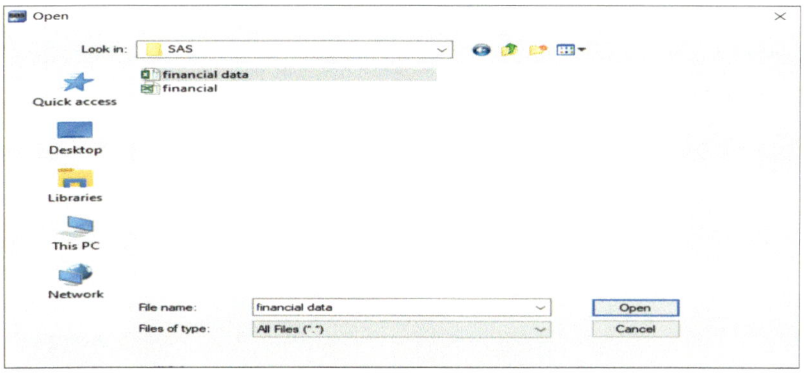

[图 1-22] 文件导出 第5步

第 6步: 确认储存文件名后点击 OK – Finish

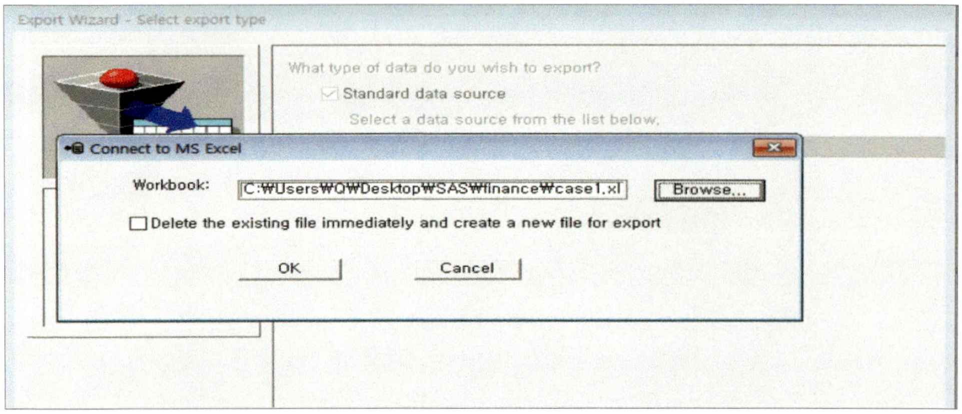

[图 1-23] 文件导出 第6步

第 7步: 确认Log里 "成功生成了table."

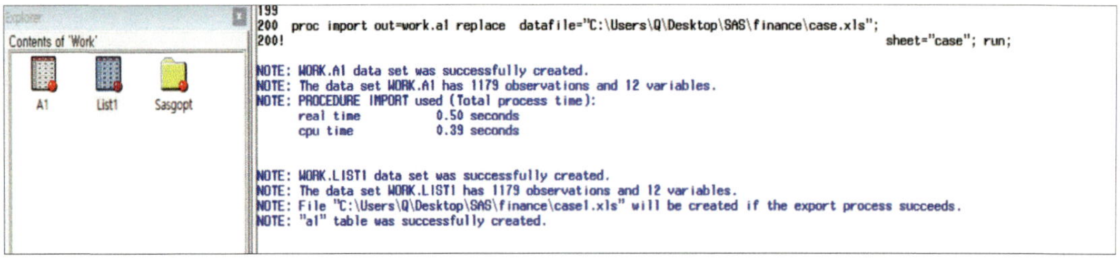

[图 1-24] 确认 Log

第 8步 : 确认导出对象文件

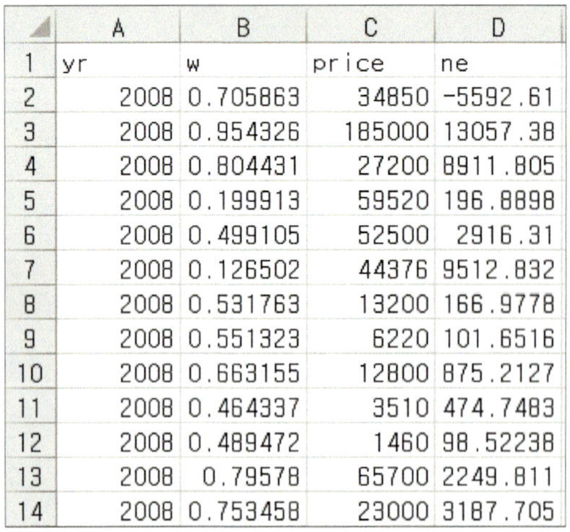

	A	B	C	D
1	yr	w	price	ne
2	2008	0.705863	34850	-5592.61
3	2008	0.954326	185000	13057.38
4	2008	0.804431	27200	8911.805
5	2008	0.199913	59520	196.8898
6	2008	0.499105	52500	2916.31
7	2008	0.126502	44376	9512.832
8	2008	0.531763	13200	166.9778
9	2008	0.551323	6220	101.6516
10	2008	0.663155	12800	875.2127
11	2008	0.464337	3510	474.7483
12	2008	0.489472	1460	98.52238
13	2008	0.79578	65700	2249.811
14	2008	0.753458	23000	3187.705

[图 1-25] 确认文件

第5节 在编辑器里直接导出数据的方法

在编辑器里输入以下程序。

程序

```
① proc export data=list
② outfile="C:\Users\QDesktop\SAS\finance\case. xls=excel replace;
③ sheet="list1"; ④ run;
```

① 为导出list1的程序。

② 指定存储位置和文件名，以及存储文件的格式。xls指的是存储文件的格式。

③ Sheet名保存为 “list1”。

④ 运行。

运行结果

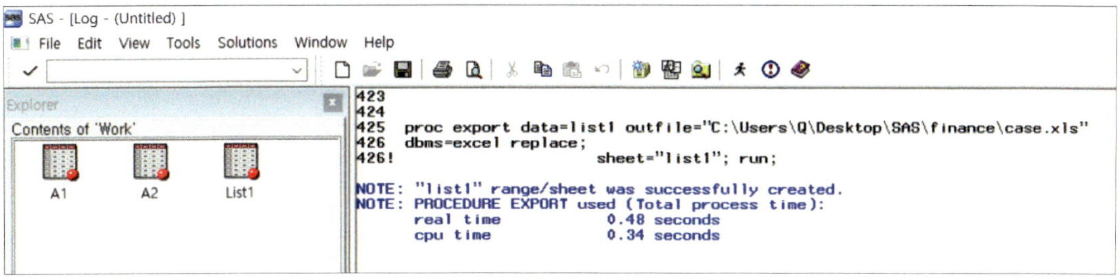

[图 1-26] 确认 Log

	A	B	C	D
1	yr	w	price	ne
2	2008	0.705863	34850	-5592.61
3	2008	0.954326	185000	13057.38
4	2008	0.804431	27200	8911.805
5	2008	0.199913	59520	196.8898
6	2008	0.499105	52500	2916.31
7	2008	0.126502	44376	9512.832
8	2008	0.531763	13200	166.9778
9	2008	0.551323	6220	101.6516
10	2008	0.663155	12800	875.2127
11	2008	0.464337	3510	474.7483
12	2008	0.489472	1460	98.52238
13	2008	0.79578	65700	2249.811
14	2008	0.753458	23000	3187.705

[图 1-27] 确认分析资料文件

第6节 在Excel里查看的方法

点击List1 文件的右侧鼠标后，选择点击在Excel里查看。

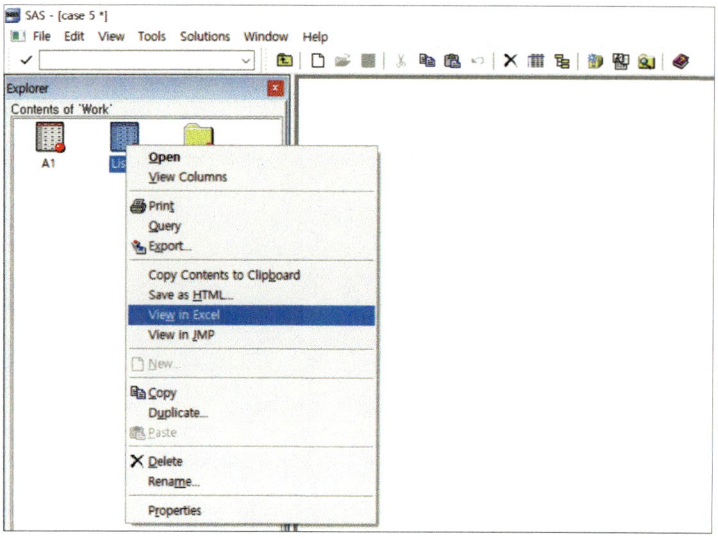

[图 1-28] 在Excel里查看

	A	B	C	D
1	The SAS System			
2				
3	yr	w	price	ne
4	2008	0.70586	34850	-5592.61
5	2008	0.95433	185000	13057.38
6	2008	0.80443	27200	8911.81
7	2008	0.19991	59520	196.89
8	2008	0.49911	52500	2916.31
9	2008	0.1265	44376	9512.83
10	2008	0.53176	13200	166.98
11	2008	0.55132	6220	101.65
12	2008	0.66315	12800	875.21
13	2008	0.46434	3510	474.75
14	2008	0.48947	1460	98.52

[图 1-29] 在Excel里确认文件

本章的SAS程序

在编辑器里通过SAS Data set直接导入数据

```
proc import out=work.a1 replace
datafile="C:\Users\user\Desktop\SAS\case。xls";
sheet="A1"; run;
```

在编辑器里导出数据

```
proc export data=list
outfile="C:\Users\user\Desktop\SAS\case。xls" dbms=excel replace;
sheet="A2"; run;
```

CHAPTER

2 描述性统计

对总体数据进行统计性推论时，首先需要对给定的文本进行整理统计。能推测总体数据分布的特性的内容如下。

第1节 文本的代表值

文本的代表值是代表整体文本的数值，所指的是文本中心或者特定分布的位置的数值。

1）均值

均值是代表值里最多被使用的数值，它是资料总体的观测值的总和除以观测值的个数得出的数值。

$$\bar{x} = \frac{\sum x_i}{n}$$

$\bar{x}$ = 均值，x_i = 样本的第 i个数据值，n = 标本数

股价	50	20	50	70	20	50	80	90	50	180

使用以上文本数据求均值过程如下。

$$\frac{50+20+50+70+20+50+80+90+50+180}{10} = \frac{660}{10} = 66$$

2）中位数

中位数是在排序既定的数值时，位于最中央的值。比如在有1，2，8这三个数值时，2是位于最中央的数值，那么2就是中位数。总样本数n是奇数时，中位数是位于第 $\frac{(n+1)}{2}$ 的变量，n是偶数时，中位数是位于第 $\frac{n}{2}$ 和第 $\frac{(n+2)}{2}$ 的变量的平均值。

股价数据按大小顺序排序如下。

顺序	1	2	3	4	5	6	7	8	9	10
股价	20	20	50	50	50	50	70	80	90	180

观测数值是偶数时，位于第 $\frac{10}{2}=5$和第 $\frac{(10+2)}{2}=6$的平均值即是中位数。

因此可得出此组数据的中位数即 $\frac{50+50}{2}=50$。

3) 众数

在文本里以最多频度出现的值被称为众数。也就说，因它是发生最多的值，所以是对整个文本来说是具有代表性的。

例如股价数据的频度数经整理如下。这里出现最多频度的50就是众数。

股价	20	50	70	80	90	180
频度数	2次	4次	1次	1次	1次	1次

第2节 分布图

虽然像均值, 中位数, 众数一样测定中心倾向的尺度很重要, 但是把握数据的分布程度也同样重要。以下是测定数据分布程度的方法。

1) 极差

极差指的是一组数据的上限与下限的差值。即变量的最大值减去最小值得出的值。

顺序	1	2	3	4	5	6	7	8	9	10
股价	20	20	50	50	50	50	70	80	90	180

最大值180减去最小值20, 即得出本组数据的极差是160。

四等分位数是当n个的观测值从小到大顺序排序时, 观测值在位于四等分的值。因此各部分包含了25%的数据, 2四分位数等同于中位数。

各分位数如下。

区分	1	2	3	4	5	6	7	8	9	10
股价	20	20	50	50	50	50	70	80	90	180
分位	1%		25%		50%			75%		100%

四分位极差是从3四分位数减去1四分位数, 即得出30(80−50)。

2) 方差

方差是最普遍被使用的分布图的测定值, 它是n个的数据的每个样本值与总体样本值的平均数之差的平方值的平均数。

对样本数据在计算方差(s^2)的时候要除以(n−1), 是因为这样计算出的样本方差比除以n的情况更能说明总体样本的方差。方差的计算式如下。

$$s^2 = \frac{\Sigma(x_i - \overline{x})^2}{n-1}$$

N	1	2	3	4	5	6	7	8	9	10	总和
股价	50	20	50	70	20	50	80	90	50	180	660
$x_i-\overline{x}$	−16	−46	−16	4	−46	−16	14	24	−16	114	0
$(x_i-\overline{x})^2$	256	2, 116	256	16	2, 116	256	196	576	256	12, 996	19, 040

通过以上数据资料可以求出方差如下。

$$s^2 = \frac{\Sigma(x_i-\overline{x})^2}{n-1} = \frac{19{,}040}{9} = 2{,}115.555$$

3) 标准差

标准差描述各数据偏离平均数的距离的平均数，它是方差的算数平方根。标准差能反映一个数据集的离散程度。因此标准差为0时，观测值所有的都相同，标准差越大，说明观测值和均值之间的差值较大的值较多。标准差的公式如下。

$$s = \sqrt{s^2}, \quad s = \sqrt{2115.555} = 45.995$$

4) 偏斜度

偏斜度是统计数据分布偏斜方向及程度的度量。统计数据的分布有的是对称的，有的是不对称的，即呈现偏态。偏斜度的值可以是正(+)值，也可以是负(–)值。在偏态分布中，当偏斜度为正值时，分布正偏，即众数位于平均数的左侧；当偏斜度为负值时，分布负偏，即众数位于平均数的右侧。平均数和中位数相等时，偏斜度为0。

如上偏斜度可用以下公式来计算。

$$\alpha_3 = \frac{n}{(n-1)(n-2)}\sum_{i=1}^{n}(\frac{x_i-\overline{x}}{s})^3$$

$\overline{x}$ = 平均值，x_i = 样本第 i的数据值，n = 样本数，s = 标准偏差

使用以下数据资料，可计算出偏斜度如下。

N	1	2	3	4	5	6	7	8	9	10	总和
股价	50	20	50	70	20	50	80	90	50	180	660
$x_i-\overline{x}$	−16	−46	−16	4	−46	−16	14	24	−16	114	0
$(\frac{x_i-\overline{x}}{s})^3$	−0.042	−1.000	−0.042	0.001	−1.000	−0.042	0.028	0.142	−0.042	15.226	13.228

$$偏斜度 = \frac{10}{9\times 8}\times 13.228 = 1.8372$$

5) 峰度

峰度又称峰态系数。样本的峰度是和正态分布相比较而言的统计量，如果峰度大于3，峰的形状比较尖，比正态分布峰要陡峭。反之亦然。峰度高意味着方差增大是由低频度的大于或者小于平均值的极端差值引起的。峰度的公式如下。

$$\alpha_4 = \frac{n(n+1)}{(n-1)(n-2)(n-3)}\sum_{i=1}^{n}(\frac{x_i - \overline{x}}{s})^4 - \frac{3(n-1)^2}{(n-2)(n-3)}$$

使用以下数据可以求出峰度如下表。

顺序 区分	1	2	3	4	5	6	7	8	9	10	总和
股价	50	20	50	70	20	50	80	90	50	180	660
$x_i - \overline{x}$	−16	−46	−16	4	−46	−16	14	24	−16	114	0
$(\frac{x_i - \overline{x}}{s})^4$	0.015	1.000	0.015	0.000	1.000	0.015	0.009	0.074	0.015	37.737	39.879

$$\alpha_4 = \frac{10\times 11}{9\times 8\times 7}\times 38.878 - \frac{3\times 9^2}{8\times 7} = 0.2182\times 38.878 - 4.3992 = 4.36456$$

第3节 PROC UNIVARIATE

对样本变量的进行描述性统计和正态分布的检验时使用此程序。使用此前的数据资料的代表数值和分布图，通过SAS程序来实现。

如图所示是企业股价(price)和广告宣传费(ad)的数据。

	A	B	C	D
1	yr	code	price	ad
2	2015	15	50	20
3	2015	25	20	10
4	2015	35	50	10
5	2015	45	70	30
6	2015	55	20	40
7	2014	65	50	70
8	2014	75	80	90
9	2014	85	90	110
10	2014	95	50	90
11	2014	105	180	40

为得出变量的描述统计量，使用 proc univariate程序。

程序

```
proc univariate data=a1; var price; run;
```

执行结果

```
                    The UNIVARIATE Procedure
                    Variable:  price  (price)

                            Moments

N                          10    Sum Weights                 10
Mean                       66    Sum Observations           660
Std Deviation      45.9951688    Variance            2115.55556
Skewness           1.83717231    Kurtosis            4.36456437
Uncorrected SS          62600    Corrected SS             19040
Coeff Variation    69.6896497    Std Error Mean      14.5449495

                   Basic Statistical Measures

        Location                    Variability

    Mean     66.00000     Std Deviation           45.99517
    Median   50.00000     Variance                    2116
    Mode     50.00000     Range                  160.00000
                          Interquartile Range     30.00000

                  Tests for Location: Mu0=0

    Test           -Statistic-    -----p Value------

    Student's t    t  4.537658    Pr > |t|    0.0014
    Sign           M         5    Pr >= |M|   0.0020
    Signed Rank    S      27.5    Pr >= |S|   0.0020
```

```
                Quantiles (Definition 5)

                 Level          Quantile

                 100% Max            180
                 99%                 180
                 95%                 180
                 90%                 135
                 75% Q3               80
                 50% Median           50
                 25% Q1               50
                 10%                  20
                 5%                   20
                 1%                   20
                 0% Min               20

              Extreme Observations

        ----Lowest----        ----Highest---

        Value      Obs        Value      Obs

           20        9           50       10
           20        8           70        5
           50       10           80        4
           50        7           90        3
           50        6          180        1
```

执行结果的动差（moment）部分里可确认总观测数(n), 均值, 标准差, 偏斜度, 峰度的值。基本观测值里有均值, 中位数, 众数, 变异性观测值里有标准差, 方差, 极差, 四分位范围。

位置检验(test for location)是通过Student's t来看变量的均值是否等于0, 通过验证符号顺位检测中位数的数值是否等于0。

第4节 PROC MEANS

这是求描述性统计量时最常用的程序, 均值, 标准差等概括性的统计量可通过proc means程序来执行。

程序

```
proc means data=a1; var price ad; run;
```

执行结果

The MEANS Procedure

Variable	Label	N	Mean	Std Dev	Minimum	Maximum
price	price	10	66.0000000	45.9951688	20.0000000	180.0000000
ad	ad	10	51.0000000	36.3470922	10.0000000	110.0000000

执行proc means程序的话, 可以得出 price和 ad的观测值数, 均值, 标准差, 最小值和最大值。

第5节 PROC SORT和 BY

按各个年度或者按各个企业来分析数据资料的描述性统计量的情况，可使用by程序。使用by程序之前务必使用 sort程序来将by所需用的变量按所指定的基准来排序。

1) SORT和BY

以特定变量为基准来进行排序时，可通过sort和 by语句来实现。

程序：按企业代码排序

```
① proc sort data=a1; by code; run;
② proc means data=a1; var price ad; by code; run;
```

① 数据 a1里有的变量按企业代码 code来排序。

② 输出各个企业(code) price和 ad的描述统计量。

执行结果

	yr	code	price	ad
1	2014	15	180	40
2	2015	15	50	90
3	2014	25	90	110
4	2015	25	80	90
5	2014	35	70	30
6	2015	35	50	10
7	2014	45	50	70
8	2015	45	20	40
9	2014	55	20	10
10	2015	55	50	20

code=15

Variable	Label	N	Mean	Std Dev	Minimum	Maximum
price	price	2	115.0000000	91.9238816	50.0000000	180.0000000
ad	ad	2	65.0000000	35.3553391	40.0000000	90.0000000

code=25

Variable	Label	N	Mean	Std Dev	Minimum	Maximum
price	price	2	85.0000000	7.0710678	80.0000000	90.0000000
ad	ad	2	100.0000000	14.1421356	90.0000000	110.0000000

code=35

Variable	Label	N	Mean	Std Dev	Minimum	Maximum
price	price	2	60.0000000	14.1421356	50.0000000	70.0000000
ad	ad	2	20.0000000	14.1421356	10.0000000	30.0000000

code=45

Variable	Label	N	Mean	Std Dev	Minimum	Maximum
price	price	2	35.0000000	21.2132034	20.0000000	50.0000000
ad	ad	2	55.0000000	21.2132034	40.0000000	70.0000000

code=55

Variable	Label	N	Mean	Std Dev	Minimum	Maximum
price	price	2	35.0000000	21.2132034	20.0000000	50.0000000
ad	ad	2	15.0000000	7.0710678	10.0000000	20.0000000

程序：按年度排序

```
① proc sort data=a1; by yr; run;
② proc means data=a1; var price ad; by yr; run;
```

① 数据 a1里有的变量按年度 yr的基准来排序。

② 输出各个年度(yr) price和 ad的描述性统计量。

执行结果

	yr	code	price	ad
1	2014	55	20	10
2	2014	35	70	30
3	2014	45	50	70
4	2014	25	90	110
5	2014	15	180	40
6	2015	55	50	20
7	2015	35	50	10
8	2015	45	20	40
9	2015	25	80	90
10	2015	15	50	90

yr=2014

Variable	Label	N	Mean	Std Dev	Minimum	Maximum
price	price	5	82.0000000	60.5805249	20.0000000	180.0000000
ad	ad	5	52.0000000	38.9871774	10.0000000	110.0000000

yr=2015

Variable	Label	N	Mean	Std Dev	Minimum	Maximum
price	price	5	50.0000000	21.2132034	20.0000000	80.0000000
ad	ad	5	50.0000000	38.0788655	10.0000000	90.0000000

※ 使用by程序可以两个以上的基准来排序。也就是说，by后面可以用多个排序基准。例如，需输出各年度和各企业的描述性统计量时，by后可同时使用yr和code。但是使用 by程序之前，变量必须通过 sort先排序好，变量的顺序也必须要统一。

第6节 PROC MEANS与 output out

使用proc means程序的话，除了基本的5项描述性统计量以外的其他描述性统计量也可以输出，这种情况需要自己直接输入需要的描述性统计量的程序即可。

程序

```
① proc means data=a1
② n mean std min q1 q3 max; ③ var price ad; run;
```

① 输出数据 a1的描述统计量。

② n = 观测值数, mean = 均值, std = 标准差, min = 最小值, q1 = 1四分位数(25%), q3 = 3四分位数(75%), max = 最大值

③ 变量是 price和ad。

执行结果

The MEANS Procedure

Variable	Label	N	Mean	Std Dev	Minimum	Lower Quartile	Upper Quartile	Maximum
price	price	10	66.0000000	45.9951688	20.0000000	50.0000000	80.0000000	180.0000000
ad	ad	10	51.0000000	36.3470922	10.0000000	20.0000000	90.0000000	110.0000000

使用means程序来输出对于price和ad变量的使用者输入的描述性统计量。程序②里可添加median(中位数), range(极差), var(方差), cv(变异系数), sum(总和) 等进而可得出多种多样的描述性统计量。

另外，描述性统计量的执行结果通过以output out为名的程序，可存储为SAS Data set。

程序

```
① proc means data=a1; var price ad;
② output out=list1; run;
```

① 输出数据 a1的 price和ad的描述性统计量。

② list1命名为 ①的结果来储存。

执行结果 : list1

	TYPE	_FREQ_	_STAT_	price	ad
1	0	10	N	10	10
2	0	10	MIN	20	10
3	0	10	MAX	180	110
4	0	10	MEAN	66	51
5	0	10	STD	45.995168828	36.347092196

查看list1可确认变量的观测值数, 最小值, 最大值, 均值, 标准差。这种方式以外也可对各个描述性统计的变量的名称进行指定后存储。

第7节 SAS的简单程序

在SAS的应用程序里，不仅可以通过简单的程序对数据资料进行算数计算，而且可以进行比较以及逻辑延伸。

1) 四则运算

+ : 加　– : 减　* : 乘　/ : 除　** : 指数

DATA

VIEWTABLE: Work.C1

	x	y
1	1	2
2	2	4
3	3	6
4	4	8
5	5	10

程序

```
data c2; set c1;
a=x+y;
b=x-y;
c=x/y;
d=x**2;
e=x**3;
run;
```

SAS程序编写时需要注意的事项是，所有SAS程序的最后一定要输入分号(;)。

a等于 x 加 y，b等于 x 减去 y，c等于 x 除以 y，d等于 x的平方，e等于 x的 3次方。

执行结果

VIEWTABLE: Work.C2

	x	y	a	b	c	d	e
1	1	2	3	-1	0.5	1	1
2	2	4	6	-2	0.5	4	8
3	3	6	9	-3	0.5	9	27
4	4	8	12	-4	0.5	16	64
5	5	10	15	-5	0.5	25	125

2) 统计函数

SQRT : 平方根　ABS : 绝对值　LOG : 自然对数　INT : 整数

DATA

VIEWTABLE: Work.D1

	X
1	10
2	-10
3	4.5
4	-4.5

程序

```
data c2; set c1;
a=sqrt(x);
b=abs(x);
c=log(x);
d=int(x);
run;
```

a是 x的平方根, b是 x的绝对值, c是 x的自然对数, d是 x的整数。

执行结果

	X	a	b	c	d
1	10	3.1622776602	10	2.302585093	10
2	-10	.	10	.	-10
3	4.5	2.1213203436	4.5	1.5040773968	4
4	-4.5	.	4.5	.	-4

3) if 语句

if 语句是根据条件的不同加工数据资料的时候使用, 具体使用情况如下。

if 条件1 then 程序1: run;
满足条件1的情况, 执行程序1

if 条件1 then 程序1; else 程序2; run;
满足条件1的情况, 执行程序1, 不满足的情况, 执行程序2

DATA

	A	B
1	X	Y
2	2	2
3	4	2
4	6	5
5	8	7
6	10	11
7	12	10
8	14	12

程序

```
data b2; set b1;
if x=y then delete;
if x>y then dumy=1; else dumy=0;
run;
```

执行结果

	X	Y	dumy
1	4	2	1
2	6	5	1
3	8	7	1
4	10	11	0
5	12	10	1
6	14	12	1

4) 比较连算及逻辑连算语句

=：等于　>：大于　<：小于
>=：大于等于　<=：小于等于
^=：不等于　^>：不大于　^<：不小于

DATA

VIEWTABLE: Work.C1

	x	y
1	1	2
2	2	4
3	3	6
4	4	8
5	5	10

程序

```
data c2; set c1;
if x>=3 then a=1; else a=0;
if x^>=3 then b=1; else b=0;
if x>1 and y>6 then c=1; else c=0;
if x>1 or y>4 then d=1; else d=0;
run;
```

x大于等于3的话，a等于1，不是这种情况的话，a等于0。x不大于3的话，b等于1，不是这种情况的话，b等于0。 x大于1并且y大于6的话，c等于1，不是这种情况的话，c等于0。x大于1，或者 y大于6的话，d等于1，不是这种情况的话，d等于0。

执行结果

VIEWTABLE: Work.C2

	x	y	a	b	c	d
1	1	2	0	1	0	0
2	2	4	0	1	0	1
3	3	6	1	0	0	1
4	4	8	1	0	1	1
5	5	10	1	0	1	1

本章的SAS程序

描述性统计量

```
proc univariate data=a1; var price; run;
proc means data=a1; var price ad; run;

proc sort data=a1; by code; run;
proc means data=a1; var price ad; by code; run;
proc sort data=a1; by yr; run;
proc means data=a1; var price ad; by yr; run;

proc means data=a1
n mean std min q1 q3 max; var price ad; run;
proc means data=a1; var price ad;
output out=list1; run;
```

SAS的简单程序

```
data c2; set c1;
a=x+y; b=x-y; c=x/y; d=x**2; e=x**3; run;

data d2; set d1;
a=sqrt(x); b=abs(x); c=log(x); d=int(x); run;

data b2; set b1;
if x=y then delete; if x>y then dumy=1; else dumy=0; run;

data c2; set c1;
if x>=3 then a=1; else a=0;
if x^>=3 then b=1; else b=0;
if x>1 and y>6 then c=1; else c=0;
if x>1 or y>4 then d=1; else d=0; run;
```

CHAPTER

3

SAS DATA SET

第1节 SET

通过使用已有的资料数据来创建生成新的资料的时候，可使用 set 程序来实现。set程序可复制原有的资料数据，生成新的文本sheet，原有的数据同时可以被保存。

	A	B	C
1	x	y	
2	1	1	
3	1	3	
4	1	4	
5	1	3	
6	2	3	
7	2	4	
8	2	1	
9			
10			

[资料 3-1] Data a1

程序

```
data a2; set a1; run;
```

复制数据 a1，创建新的数据文本 a2。

执行结果

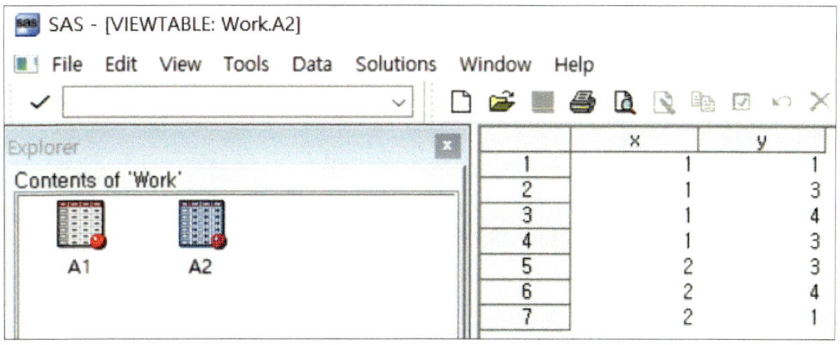

通过[执行结果]可确认数据 a1被复制到 a2文本里。set程序可以提取原有数据资料的一部分，也可以在需要生成新的变量时使用。

程序

```
data a2; set a1; if x=1 then delete; z=x*y; run;
```

删除数据 a1里的 x值等于1的数据值，新定义名为 x*y=z的变量在生成的数据文本 a2里可确认。

执行结果

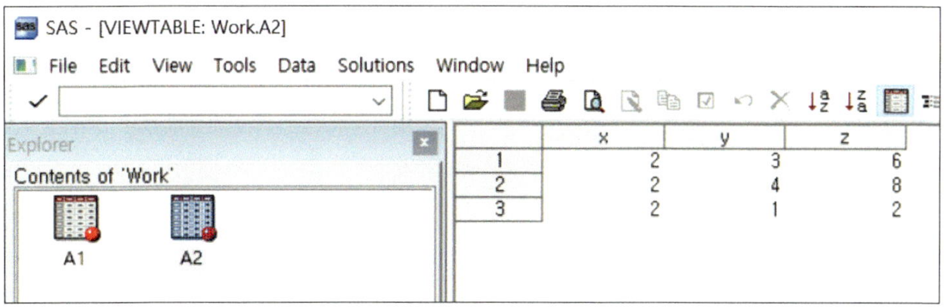

执行结果如图所示，可看到新的数据文本a2里，x等于1的值全部已被删除，同时可确认到x乘以 y的值 z的数据值。

第2节 MERGE

[资料 3-2]是关于各企业按年度排序的股价(price)的数据资料, [资料 3-3]是各个企业按年度排序的净利润(earn)的数据资料。如需把上述这两个资料合并, 可使用 merge程序来实现。

	A	B	C
1	yr	code	price
2	2012	15	100
3	2013	15	120
4	2014	15	130
5	2015	15	150
6	2012	16	100
7	2013	16	90
8	2014	16	70
9	2015	16	40

[资料 3-2]

	A	B	C
1	yr	code	earn
2	2012	15	80
3	2012	16	80
4	2013	15	90
5	2013	16	75
6	2014	15	95
7	2014	16	60
8	2015	15	115
9	2015	16	30

[资料 3-3]

程序

```
data a3; merge a1 a2; run;
```

把数据 a1和 a2合并, 生成新的数据 a3。

执行结果

	yr	code	price	earn
1	2012	15	100	80
2	2012	16	120	80
3	2013	15	130	90
4	2013	16	150	75
5	2014	15	100	95
6	2014	16	90	60
7	2015	15	70	115
8	2015	16	40	30

在执行结果里可以确认到 [资料 3-2]和 [资料 3-3]互相重叠的部分被合并之后, 生成了一个新的文本数据。但是以年度和企业代码作为基准的纯利润数据不被合并, 而是单纯的按顺序结合, 所以为了解决此问题, 必须使用 by语句来实现。

第3节 MERGE和 BY

现在我们来做一个通过 by语句来实现把两个数据文本合并为一个的练习。

程序

```
① proc sort data=a1; by yr code; run;
   proc sort data=a2; by yr code; run;
② data a3; merge a1 a2; by yr code; run;
```

① 把数据 a1和 a2里的变量按 yr和 code来排序。

② 按 yr和 code的基准, 合并数据 a1和 a2, 生成数据 a3。

※ 在此之前提到使用 by程序之前务必要使用 proc sort程序来排序数据。

执行结果

	yr	code	price	earn
1	2012	15	100	80
2	2012	16	100	80
3	2013	15	120	90
4	2013	16	90	75
5	2014	15	130	95
6	2014	16	70	60
7	2015	15	150	115
8	2015	16	40	30

另外使用 by语句来执行 merge程序之后, 可以确认到各企业的 price和 earn是按 yr和 code的基准来排序的。

第4节 MERGE的应用 ：求增长率变量

接着，我们通过merge程序来生成增长率变量。首先，为了有助对增长率变量的理解，我们在会计学研究中常用到的变量计算公式如下所示。

股价收益率 = (t年度股价 – t-1年度股价) / t-1年度 股价
净利润增长率 = (t年净利润 – t-1年度净利润) / t-1年度 净利润

为了得出股价收益率和净利润增长率，我们需要前年度的股价和净利润数据。比如，为了求得2013年度的股价收益率和净利润增长率，则需要2012年度的股价和净利润的数据。通过以下资料，我们来求一下增长率。

	yr	code	price	earn
1	2012	15	100	80
2	2012	16	100	80
3	2013	15	120	90
4	2013	16	90	75
5	2014	15	130	95
6	2014	16	70	60
7	2015	15	150	115
8	2015	16	40	30

[资料 3-4] 企业的股价和净利润

程序

```
① data b1; set a1;
② yr=yr+1;
③ pricet_1=price; earnt_1=earn;
④ keep yr code pricet_1 earnt_1; run;
```

① 复制数据 a1，生成新数据命名为 b1。

② 在原有的年度 yr的基础上加上1，重新指定新的年度变量 yr。

③ 生成与price和 earn相同值的前年度 pricet_1和 earnt_1的数据值。

④ 通过keep程序，来选择保留的变量名 yr code pricet_1 earnt_1来保存文本。

※ keep程序是用来选择保留的变量时需要的语句，drop是用来删除选择的变量时需要的语句。因此，使用 “drop price earn;” 可以输出同样的执行结果。

执行结果

	yr	code	pricet_1	earnt_1
1	2013	15	100	80
2	2013	16	100	80
3	2014	15	120	90
4	2014	16	90	75
5	2015	15	130	95
6	2015	16	70	60
7	2016	15	150	115
8	2016	16	40	30

从以上执行结果可看出，年度分别滞后了一个年度，以外的变量与[资料 3-4]相同。

现在将数据 a1和数据 b1合并。

程序

```
① proc sort data=a1; by yr code; run;
   proc sort data=b1; by yr code; run;
② data a3; merge a1 b1; by yr code; run;
```

① 使用 by语句，按年度 yr和企业代码 code基准对数据 a1和 b1进行排序。

② 以 yr和 code为基准，合并数据 a1和 b1，生成新数据 a3。

执行结果

	yr	code	price	earn	pricet_1	earnt_1
1	2012	15	100	80	.	.
2	2012	16	100	80	.	.
3	2013	15	120	90	100	80
4	2013	16	90	75	100	80
5	2014	15	130	95	120	90
6	2014	16	70	60	90	75
7	2015	15	150	115	130	95
8	2015	16	40	30	70	60
9	2016	15	.	.	150	115
10	2016	16	.	.	40	30

从执行结果来看，生成了新的变量 yr, code, price, earn, pricet_1, earnt_1。以企业代码 code为基准，可得知 t-1年度的 pricet_1和 earnt_1的值与 t年度的 price和 earn值是相同的。

使用以上同样的数据信息，进一步来求得 t+1年度的 price和 earn的数据。

程序

```
① data c1; set a1;
② yr=yr-1;
③ pricet1=price; earnt1=earn;
④ keep yr code pricet1 earnt1; run;
```

执行结果

	yr	code	pricet1	earnt1
1	2011	15	100	80
2	2011	16	100	80
3	2012	15	120	90
4	2012	16	90	75
5	2013	15	130	95
6	2013	16	70	60
7	2014	15	150	115
8	2014	16	40	30

执行结果可看到，各年度 yr 提前了一个年度单位。

现在把数据 a1和年度 yr 提前一个年度的数据 c1合并后可得出以下结果。

程序

```
① proc sort data=a1; by yr code; run;
   proc sort data=c1; by yr code; run;
② data a3; merge a1 c1; by yr code; run;
```

执行结果

	yr	code	price	earn	pricet1	earnt1
1	2011	15	.	.	100	80
2	2011	16	.	.	100	80
3	2012	15	100	80	120	90
4	2012	16	100	80	90	75
5	2013	15	120	90	130	95
6	2013	16	90	75	70	60
7	2014	15	130	95	150	115
8	2014	16	70	60	40	30
9	2015	15	150	115	.	.
10	2015	16	40	30	.	.

综合以上程序，可得出 t-1， t， t+1 3各年度的资料。

程序

```
① proc sort data=a1; by yr code; run;
   proc sort data=b1; by yr code; run;
   proc sort data=c1; by yr code; run;
② data d1; merge b1 a1 c1; by yr code; run;
```

执行结果

	yr	code	pricet_1	earnt_1	price	earn	pricet1	earnt1
1	2011	15	.	.	.	.	100	80
2	2011	16	.	.	.	.	100	80
3	2012	15	.	.	100	80	120	90
4	2012	16	.	.	100	80	90	75
5	2013	15	100	80	120	90	130	95
6	2013	16	100	80	90	75	70	60
7	2014	15	120	90	130	95	150	115
8	2014	16	90	75	70	60	40	30
9	2015	15	130	95	150	115	.	.
10	2015	16	70	60	40	30	.	.
11	2016	15	150	115	.	.	.	.
12	2016	16	40	30	.	.	.	.

本章的SAS程序

SAS Data set

```
data a2; set a1; run;
data a2; set a1; if x=1 then delete; z=x*y; run;
data a3; merge a1 a2; run;

proc sort data=a1; by yr code; run;
proc sort data=a2; by yr code; run;
data a3; merge a1 a2; by yr code; run;
```

应用Merge程序来生成增长率

```
data b1; set a1;
yr=yr+1; pricet_1=price; earnt_1=earn;
keep yr code pricet_1 earnt_1; run;
proc sort data=a1; by yr code; run;
proc sort data=b1; by yr code; run;
data a3; merge a1 b1; by yr code; run;

data c1; set a1;
yr=yr - 1; pricet1=price; earnt1=earn;
keep yr code pricet1 earnt1; run;
proc sort data=a1; by yr code; run;
proc sort data=c1; by yr code; run;
data a3; merge a1 c1; by yr code; run;

proc sort data=a1; by yr code; run;
proc sort data=b1; by yr code; run;
proc sort data=c1; by yr code; run;
data d1; merge b1 a1 c1; by yr code; run;
```

CHAPTER

4 统计学的概念及假设设定

现代社会的统计学在各个领域可以称作为人们做决策时所需的工具手段。这样的统计学的最重要的核心内容是资料搜集和整理，描述资料的现象和对其说明，和对其进行预测。因此，所谓统计学指的是对于研究对象来进行资料的搜集， 以整理的信息为基础来对其提供有效率地决策方法的一门学问。

描述性统计学是通过对实验或者测定里搜集的资料进行整理， 概括及分析，得出反映研究现象的一般性特征，统计方法除了均值，方差分析以外，还有因子分析，判别分析，相关分析。

接下来是推断统计学， 这是对内涵在资料里的信息进行分析， 把握现在的状态或者对未来进行推断的方法，通过抽样的描述统计来推论总体的特性及可能性的统计学方法。

第1节 统计学的主要术语

1) 总体(Population)

总体是包含所研究的全部个体的集合。即， 指的是想推论的人， 项目， 或者事件的全体集合。例如， 某化妆品公司为了管理客户而进行化妆品的喜好度调查。这样的情况， 全体购买客户就是总体。

2) 样本(Sample)

如上事例， 为了对化妆品购买客户进行管理， 对总体进行调查来统计喜好度是现实中难以实现的事。对此，按年龄段来抽样调查喜好度，通过这样的结果可以进行客户管理。这时，被称为调查对象的个体叫做样本，也就是说总体的部分集合是样本。

3) 总体和样本的关联性

如前面所述， 样本是为了推论总体的特征而搜集的人， 项目， 或者事件的部分集合。因此，为了更好的展现总体的特征，样本需要随机抽取并且要适合的样本大小。即，样本需要随机，并且充分多的情况下，使用从样本里搜集的信息才能对总体进行推论。

4) 参数

参数是描述总体的特征(总体平均数, 总体方差等)的概括性数字度量, 所以参数是只有对总体进行全数调查才能知道的值。但是, 总体的大小和范围非常庞大的情况, 可以不进行全数调查, 而是通过样本调查来推断总体平均数, 总体方差。

5) 统计量

为了把握搜集的资料所包含的信息, 需要对资料进行简单的分析整理。我们称其为统计量。

主要统计量有反映资料的重心倾向的均值(Average), 中位数(Median), 众数(Mode), 期待值(Expected Value), 反映资料分布的统计量有方差(Variance), 标准差(Standard Deviation), 极差(Range)。最后, 还有反映资料形态的统计量有偏度(Skewness)和峰度(Kurtosis)。

第2节 变量的种类

根据条件的不同，具有不同值的特征称为变量(Variable)这样的变量，根据不同的特征，可以分为定性变量和定量变量。

1) 定性变量

定性变量是指根据为区分物品而赋予的名称的定类尺度而测定的变量，对小组进行分类或者区分而赋予的数字。这时的数字就不代表大小，而是被作为单纯的区分记号来使用。宗教，性别等都属于定性变量。

2) 定量变量

定量变量不仅能代表属性，而且也代表大小多少。也就是说，它能把变量之间的计量变为可能并表现为数量化的一种变量。这样的定量变量可以分为离散变量和连续变量。

① 离散变量

指的是比如像电影观看人数，公交车使用人数等这样的整数来呈现的变量。

② 连续变量

指的是像人的身高和体重这样的不仅仅有整数，也包含有小数点在内的变量，这些数值之间的间隔不是特定的。

3) 测定尺度

测定尺度是指对变量赋予特定的值的一种测定。被测定的变量的值根据性质的不同，可以分为定类，定序，定距，定比尺度。

① 定类尺度(Nominal Scales)

定类尺度指的是对测定对象的特征进行分类或者以确定的目的来赋予的数字，文字等尺度。根据分类尺度测定的数值是不可能进行加减乘除这样的计算，但是可以求出频率，众数等这样的统计量。

比如，把A企业，B企业，C企业分别定义为1，2，3的时候，这里的1，2，3仅是告知他人相关企业是哪个而已，与测定对象的数量和性质无关。也就是说，对企业赋予的数字或者记号只是对各自的范围进行命名的时候被使用的而已。定类尺度一般在企业分类，宗教分类，性别分类，职业分类等情况时被使用。

定类尺度的举例

您的宗教是什么？

① 基督教 ② 佛教 ③ 天主教 ④ 圆佛教 ⑤ 伊斯兰教

你的性别是什么？

① 女性 ② 男性

您在哪个地区居住？

① 首尔 ② 京畿道 ③ 忠北道 ④ 忠南道 ⑤ 全北道
⑥ 全南道 ⑦ 庆北道 ⑧ 庆南道 ⑨ 江原道

② 定序尺度(Ordinal Scales)

定序尺度指的是测定对象间的顺序，比如对测定对象间的大小，高低等顺序赋予的尺度。

比如，对某三个企业的喜好度不同进行排序时，赋予的数字1, 2, 3，就是定序尺度。这时，呈现出的是对这三个企业的喜好度的顺序，但顺位之间不可进行量的评价。也就是说，我可以知道顺位是1的企业比顺位是2的企业是更让人喜好，但是更喜好多少的这个程度是无法知道的。定序尺度一般在职位，学历，学分，喜好度等的区分时被使用。

定序尺度的举例

以下四种饮料按照您最喜欢的程度进行排序。

碳酸饮料 _①_ 果汁 _③_ 牛奶 _④_ 离子运动饮料 _②_

军衔定序尺度

① 二等兵 ② 一等兵 ③ 上等兵 ④ 兵长

学分定序尺度

① A ② B ③ C ④ D ⑤ F

③ 定距尺度(Interval Scales)

定距尺度具备定类尺度和定序尺度的所有特征，并且呈现出的是大小的程度的尺度。对于测定的资料，不仅可以把握它的大小，高低，还可以进行加减的运算。假定各对象间的距离定为1, 2, 3的话，1和2, 2和3之间的间距都是1，意味着是一样的，但它们顺位之间的比率则是不能运算的。也就是说，温度计的测量值摄氏100度比摄氏0度不是高100倍是同样的道理。定距尺度一般主要在对温度，公元年度，物价指数，生产力指数的测定时使用。

定距尺度的举例

鞋子大小的定距尺度

① 220 ② 230 ③ 240 ④ 250 ⑤ 260

IQ的定距尺度

① 90 ② 100 ③ 110 ④ 120 ⑤ 130

年度的定距尺度

① 2010 ② 2011 ③ 2012 ④ 2013 ⑤ 2014

④ 定比尺度(Ration Scales)

定比尺度是提供最全面信息的最高水准的测定尺度，它是在范畴，序列，距离的信息上再追加上比率信息的尺度。因为具有绝对零点的特征，所以可以进行加减乘除的所有运算。比如，A公司的销售额是 100，B公司的销售额是 50的话，A公司比 B公司的销售额不仅多，而且我们能知道它是高出两倍的销售额。定比尺度主要在市场占有率，价格，消费者数，生产成本等这些客观上可计量化的变量的测定时使用。

定比尺度的举例

您今年年龄满多少周岁？ _______周岁

您的身高是多少厘米？ _______cm

您每月平均收入为多少？ _______万韩元

各尺度变量的特征

尺度	特征	举例	备注	变量类型
定类尺度	测定对象的分类	性别	数字仅代表范围	离散型
定序尺度	定类+根据测定对象的大小来进行排序	等数	大或小的关系成立	
定距尺度	定类+定序+等间距	年度	有基本单位	连续型
定比尺度	定类+定序+等间距+绝对零点	月收入	有绝对基准值	

第3节 假设检验的原理及验证方法

假设(hypothesis)检验是统计推测里的一个方面, 对总体的实际值是多大的一种推测, 对这样的主张的合理性与否进行判断的一个过程。

比如说, 消费者团体为确认饮料定量销售的情况, 作出"一瓶装的饮料会是500ml"的推测, 对销售的饮料进行样本调查, 对此主张的合理性进行确认。

1) 假设验证

为验证假设假定的总体的实际值是多少？这样的主张我们称为研究假设(research hypothesis)。检验这个假设的合理性, 首先设定观点互为相反的主张。这里的互为相反的假设称为备择假设和原假设。备择假设(alternative hypothesis)是指研究者主张的假设, 原假设(null hypothesis)是与备择假设是相反的主张。

2) 原假设和备择假设

原假设是指要验证对象的假设, 一般来说是预想会被驳回而设定的假设。

备择假设是指的是在要证明假设的时候, 原假设被驳回时被采纳的假设, 一般来说原假设用 H_0, 备择假设用 H_1 表示。

这样的假设通过统计学的数值来判断原假设被采纳或不被采纳。但若原假设不被采纳, 则研究假设（备择假设）成立, 原假设被采纳时, 则说明备择假设失去了合理性。

3) 错误的种类

假设验证因为使用的是样本, 所以不能期待它是完全正确的判定。通常会有两种错误的可能性。第一种, 尽管设定的假设是正确的, 也要判定它是错误的情况。第二种, 尽管设定的假设是错误的, 但也判定它是正确的情况。

假设验证的错误

	原假设被采纳	原假设被驳回
原假设是事实	正确的决定	第1种 错误
原假设是虚假	第2种 错误	正确的决定

4) 点估计(Point Estimation)

点估计是指对总体参数估计用一个数值来指定的情况。也就是说，在总体里抽取样本之后，以这些样本组的均值，样本方差等为基础来估计总体参数的均值和方差。比如抽取A公司产品的饮料n个来进行调查的结果是容量平均是500ml的话，估计A公司产品的饮料容量平均是 500ml，这就是点估计。

5) 区间估计(Interval Estimation)

区间估计指的是对总体参数估计不是用特定的值而是用区间来表示。也就是说，不是"A公司饮料容量的平均是 500ml"，而是比如"在495ml到 505ml之间。"这样的区间来估计总体参数。

6) 置信区间(Confidence Interval)和置信水平(Confidence Level)

置信区间指的是对参数求区间估计值时取得的估计区间，而置信水平指的是求出区间估计值之后，参数在区间范围内的概率。比如说，"A候选人的平均支持率是 30–35%，此调查的置信水平为 95%。" 这样的情况下，置信区间就是 30–35%，置信水平就是95%。也就是说，全体选民中A候选人的支持率的置信区间为 30–35%，在这个置信区间内，支持率被包含的概率是 95%。因此，在区间估计里，置信区间越小，置信水平越高，估计就越精确。

7) 显著水平(Significance Level)

显著水平是和置信水平相对立的一个概念，它指的是总体平均在区间估计外的概率。比如说，A候选人的支持率实际值在30–35%范围内的概率是95%的话，与此相反，不在此范围内的概率5%就是所谓的显著水平。也就是说，它指的是总体平均被错误估计的误差可能性的概率。一般在研究里显著水平被定为 1%，5%，10%等。

8) 显著概率(p–value)

显著概率指的是样本组的均值这样的统计量支持原假设(H0)的程度。它代表的是A候选人的支持率实际不在30–35%区间的概率。也就是说，p–value的值越小，实际支持率在30–35%区间内的概率就会越高。因此，p–value越小，原假设被驳回，备择假设被采用的概率就越高。

第4节 假设检验的步骤

第1步 ：假设设定

假设设定一般来说，采取对总体值互为相反的两个假设中采纳其中一个，而另外一个驳回的方式。其中，要检验的假设有原假设，以及与之相反的备择假设。比如说，若要设定“韩国女性的平均身高为160cm”这样的假设，如下所示。

原假设：$H_0 : \mu_x = 160$，　备择假设：$H_1 : \mu_x \neq 160$

第2步 ：估计检验统计量

估计检验统计量指的是把握检验假设的恰当的检验统计量及分布而进行的检验统计量的值的计算。为此，首先计算样本的均值，视情况计算检验统计量。若假定样本服从正态分布，则检验统计量 Z值可以通过如下公式计算得出。

$$Z = (\overline{X} - \mu_0)/(\sigma/\sqrt{n})$$

$\overline{X}$=均值，　μ_0=总体均值，　σ=方差，　n=样本数

第3步 ：比较验证统计量和临界值(估计区间)，然后判断假设被采纳与否。

验证统计量的值若在估计区间范围内存在的话，H_0则被采纳。如果检验统计量的值比估计区间小或者大的话，H_0则被驳回。在此阶段，要考虑显著水平，求出为了假设检验的临界值。

第4步：决策

对已下定论的结论要进行慎重地解析。原假设被采纳不代表着此假设是绝对正确的，仅是意味着根据样本调查的结果来看，在统计学上驳回原假设不具备充分的理由而已。

例题 4-1 我国男大学生的平均身高被认为是 180cm。以下调查结果表反映的是某大学的30名男生的身高信息。通过此资料，我们来检验一下“我国男大学生的平均身高是 180cm”的主张正确与否。

原假设：我国男大学生的平均身高为 180cm。 $H_0 : \mu_x = 180$

编码	身高	编码	身高	编码	身高
1	172.0	11	176.5	21	181.9
2	172.5	12	177.7	22	182.0
3	173.7	13	178.2	23	182.4
4	173.9	14	178.3	24	183.0
5	174.0	15	179.5	25	183.5
6	174.2	16	180.0	26	185.0
7	174.7	17	180.2	27	185.6
8	174.9	18	180.7	28	186.0
9	175.0	19	181.0	29	187.7
10	175.5	20	181.4	30	189.0

平均值: 179.3, 标准偏差 4.7

第1步: 计算临界值和概率

在SAS里，使用probit对标准正态分布的临界值，probnorm对概率值进行计算。程序的一般形式如下。

PROBIT(Z) / PROBNORM(Z)

程序

```
data a1;
 x1=probit(1-0.01/2); x2=probit(1-0.05/2);
 x3=probit(1-0.1/2); run; proc print; run;
```

x1和 x2, x3是分别计算出来的在标准正态分布的显著水平 1%, 5%, 10%下对应的临界值。

执行结果

OBS	x1	x2	x3
1	2.57583	1.95996	1.64485

我们通过以上执行结果图示可以知道对应1%, 5%, 10%的概率的临界值分别为2.58, 1.96, 1.65。因此，如果在显著水平1%下想驳回假设的话，被标准化的检验统计量 Z值要大于2.58，显著水平5%, 10%的话，要是分别大于1.96和1.65的值才可以。

第2步：通过检验统计量Z值和临界值来检验假设

程序

```
data a1;
① mean=179.3; n=30; x=180; s=4.7;
② z=(x-mean)/(s/sqrt(n));
③ plevel=0.10; p=1-plevel/2; up=probit(p); lower=-up; run;
```

① 指定样本组的均值(mean)，样本数(n)，要检验的均值(x) 还有方差(s)。

② 根据$Z=(\overline{X}-\mu)/(S/\sqrt{n})$ 公式来求检验统计量。

③ 设定显著概率和双侧临界值(显著概率 10%)。

执行结果

OBS	mean	n	x	s	z	plevel	p	up	lower
1	179.3	30	180	4.7	0.81575	0.1	0.95	1.64485	−1.64485

双侧显著概率的临界值是 1.65和 −1.65。也就是说，Z值比两侧临界值大或者小的话，假设就不被采纳。这里检验统计量Z值在两侧临界值的范围内，所以原假设被采纳。也就是说，我国男大学生的平均身高是 180cm。

例题 4-2 假定去年男大学生的平均身高是 177cm。我们设定"对相同的样本对象，去年男大学生的平均身高和今年的男大学生身高相同"这样的原假设，一起来检验一下。

原假设：去年和今年的男大学生平均身高相同。$H_0 : \mu_x = 177$

程序

```
data a1;
① mean=179.3; n=30; x=177; s=4.7;
② z=(x-mean)/(s/sqrt(n));
③ plevel=0.01; p=1-plevel/2; up=probit(p); lower=-up; run;
```

① 指定样本的均值，(mean)，样本数(n)，要检验的均值(x) 还有方差(s)。

② 根据$Z=(\overline{X}-\mu)/(S/\sqrt{n})$公式来求出 z值。

③ 设定显著概率和两侧临界值(显著概率 1%)。

执行结果

OBS	mean	n	x	s	z	plevel	p	up	lower
1	179.3	30	177	4.7	-2.68034	0.01	0.995	2.57583	-2.57583

两侧显著概率的临界值分别是2.58和-2.58。因此Z值比两侧临界域大或者小的话，该假设就不被采纳。在这里Z值是-2.680，在一侧临界域之外。因此原假设被驳回，备择假设被采纳。也就是说，我们可以知道去年男大学生的平均身高和今年男大学生的平均身高是不相同的。

本章的SAS程序

例题 4-1(临界值和概率计算)检验

```
data a1;
x1=probit(1-0.01/2); x2=probit(1-0.05/2);
x3=probit(1-0.1/2); run; proc print; run;

data a1;
mean=179.3; n=30; x=180; s=4.7;
z=(x-mean)/(s/sqrt(n));
plevel=0.10; p=1-plevel/2; up=probit(p); lower=-up; run;
```

例题 4-2 检验

```
data a1;
mean=179.3; n=30; x=177; s=4.7;
z=(x-mean)/(s/sqrt(n));
plevel=0.01; p=1-plevel/2; up=probit(p); lower=-up; run;
```

CHAPTER

5 Chi-Square (χ^2) Test

两样本差异性检验t-test主要是对分数, 金额等一般可量化的数量变量进行的均值检验。但是有些数据资料是根据一定的分类标准来划分的, 有可能是频度次数(Frequency)。比如进行问卷调查的时候, 根据性别不同, 人的兴趣爱好生活, 喜欢的车辆等会有不同, 这样的情况有的是按频度来分类的。

这样的名义变量之间是否存在相互关联, 可通过χ^2检定来得到验证。即, 属于两个以上分类为标准的情况, 各个分类变量之间的独立性与否可得到验证。

第1节 使用列联表的 χ^2检验

根据变量的分类基准来整理的资料的频度的表叫做列联表(Contingency table)。列联表检定是指的是验证分类性变量之间是否有关联性的检验技法, 这个过程使用的统计学分析方法是 χ^2检验。例如, 想验证一下男女的兴趣爱好, 和喜欢的颜色的关联性的时候可使用此方法。

第2节 χ^2检验的统计量

χ^2检验是对各个变量是对立的这样的一个假设是真实的假定下, 检验预测的期待度数和观测度数之间是否存在差异的统计量。

$$x^2 = \sum_i^a \sum_j^b \frac{(O_{ij} - M_{ij})^2}{M_{ij}}$$

O_{ij} = i行和 j列的观测度数, M_{ij} = i行和 j列的期待度数

M_{ij} = (i行的总和)*(j列的总和)/ 样本大小

根据以上χ^2的分布情况, 可对χ^2分布值和检验统计量与给定的显著水平相比较, 采纳假设或者驳回假设。

在SAS里进行 χ^2检验, 可使用的 proc freq程序的一般如下所示。

PROC FREQ ; TABLES(变量) ; OPTION

例题 5-1 以下是分别属于A, B, C 产业的企业为了实现对 E, F, G 国家的海外投资而设立的海外现地法人数。根据各个产业的不同特征，对特定国家的偏好度是否存在差异，我们来对此进行验证。

国家 \ 产业	A	B	C
E	6	28	5
G	10	9	7
F	7	8	14

程序

```
① proc freq data=a1;
② tables nation*industrial/expected deviation chisq; run;
```

① 分析根据国家(nation)不同，产业(industrial)的偏好度是否存在差异。

② tables nation*industrial是对国家和产业这两个分类的列联表进行分析的程序指令，可确认制定结果 expected(各个分类变量的期待值)，deviation(观测度数和期待度数的差异)，chisq (独立性检验 x^2的值)。

※ 列联表分析是变量 X, Y, Z存在的情况下, tables X*(YZ)是 X变量和 Y变量, X变量和 Z变量这两个分类变量的列联表分析的程序指令, tables X*Y*Z是 X变量和 Y变量, Z变量这三个分类变量的列联表分析的程序指令。

执行结果

The FREQ Procedure

Frequency
Expected
Deviation
Percent
Row Pct
Col Pct

Table of nation by industrial

nation(nation)	industrial(industrial) A	B	C	Total
E	6 11.31 -5.31 6.00 15.38 20.69	28 17.55 10.45 28.00 71.79 62.22	5 10.14 -5.14 5.00 12.82 19.23	39 39.00
F	16 9.28 6.72 16.00 50.00 55.17	9 14.4 -5.4 9.00 28.13 20.00	7 8.32 -1.32 7.00 21.88 26.92	32 32.00
G	7 8.41 -1.41 7.00 24.14 24.14	8 13.05 -5.05 8.00 27.59 17.78	14 7.54 6.46 14.00 48.28 53.85	29 29.00
Total	29 29.00	45 45.00	26 26.00	100 100.00

Statistics for Table of nation by industrial

Statistic	DF	Value	Prob
Chi-Square	4	26.1468	<.0001
Likelihood Ratio Chi-Square	4	24.9642	<.0001
Mantel-Haenszel Chi-Square	1	1.5955	0.2065
Phi Coefficient		0.5113	
Contingency Coefficient		0.4553	
Cramer's V		0.3616	

Sample Size = 100

通过以上执行结果依次可看到每列数据的实际频度和期待值(频度), 偏差, 百分率, 行列百分率, column百分率。在这里的期待频率是指在两个变数互相独立的假定下, 整体观测值(100)在各列数据里分配时, 各列的数据里期待的频度数。即整体人员100名中, 选择 A产业的概率是29%, 选择 E国家的概率是 39%的话, 选择 A产业和 E国家的(E, A)一列数据的期待值有11.31(100*0.39*0.29)个当地的企业法人。并且这样的期待频度和实际频度的差异即称为偏差。

χ^2的检定统计量为 26.1468, 在显著水平 1% 呈现显著, 也就是说根据各产业的特征不同, 对国家的偏好度存在差异。

本章的SAS程序

χ^2(Chi_Square) 检验

```
proc freq data=a1;
tables nation*industrial/expected deviation chisq; run;
```

CHAPTER

6 方差分析

方差分析(Analysis of Variance)检验两个以上样本的差异的分析方法。这样的方差分析法的最大的特点是可以检验定量的因变量和非定量的自变量之间的关系。即自变量和因变量和全部是分类变量的χ^2检验不同，方差分析的因变量是连续性的数据数据资料。

方差分析是通过比较各样本的标准差和方差来验证假设是否成立。自变量是1个的情况，称为单因素方差分析，如是两个的情况，称为双因素方差分析，如3个以上的情况，称为多因素方差分析。

第1节 单因素方差分析

单因素方差分析是为检验具有两个以上分类变量的一个自变量对一个因变量产生的影响的时候，使用的最简单的一种分析方法。

例题 6-1 以下是根据企业的研发费支出规模不同而分类的 3个样本的专利权数目的结果表。我们来检验一下各样本之间专利权数目是否有显著水平的差异。

PATENT		
GROUP 1	GROUP 2	GROUP 3
48	43	53
41	42	49
31	33	43
42	35	49
39	42	49
44	43	47
62	35	56
52	42	48
47	53	55
52	52	50

程序

```
① proc anova data=a1; class group; model patent=group;
② means group/alpha=0.05 lsd; run;
```

① 使用数据 a1, 通过方差分析来检验不同研发费支出规模下的专利权数目的差异是否显著。

② 在5%显著水平下, 使用最小显著性差异法(lsd；Least—SignificantDifference)对总样本的均值进行多重比较的检验。

执行结果

```
                         The ANOVA Procedure

                Dependent Variable: patent   patent

                                     Sum of
Source                  DF          Squares    Mean Square   F Value   Pr > F

Model                    2       312.200000     156.100000      3.55   0.0429

Error                   27      1188.500000      44.018519

Corrected Total         29      1500.700000

         R-Square     Coeff Var      Root MSE    patent Mean

         0.208036      14.45456      6.634645       45.90000

Source                  DF         Anova SS    Mean Square   F Value   Pr > F

group                    2      312.2000000    156.1000000      3.55   0.0429
```

从执行结果的检验统计量可以看出 F值为 3.55, p–value为 0.0429。此值小于显著水平0.05, 因此 “各样本的专利权数目相同”的假设被驳回, 也就是说各个样本的专利权数目存在显著性的差异。

```
              Alpha                              0.05
              Error Degrees of Freedom             27
              Error Mean Square              44.01852
              Critical Value of t             2.05183
              Least Significant Difference      6.088

     Means with the same letter are not significantly different.

         t Grouping          Mean      N    group

                  A        49.900     10    3
                  A
              B   A        45.800     10    1
              B
              B            42.000     10    2
```

以上的分析结果是使用最小显著差异法来对不同研发费支出规模下的专利权数目的均值差异进行检验的分析结果。样本3的专利权数目的均值为49.9, 样本2的均值为42.0。通过多重比较的检验结果可以看出样本3和样本2之间的均值存在显著差异，但样本1和样本3，样本1和样本2之间的差异不显著。

第2节 双因素方差分析

双因素方差分析是两个自变量对一个因变量产生的影响分析时使用的分析方法。

例题 6-2 以下是有关企业的净利润(ni)和研发费支出规模下的不同样本企业的专利权数目的统计资料。我们在5%显著水平来检验一下，不同的净利润和研发费支出规模下的专利权数目是否存在显著的差异。

区分	PATENT		
	GROUP 1	GROUP 2	GROUP 3
H (净利润高的样本)	50	43	53
	42	42	49
	33	32	43
	44	36	49
	40	35	47
	47	42	47
	62	43	56
L (净利润低的样本)	34	46	49
	45	38	45
	49	39	48
	48	37	47
	52	40	52
	39	42	46
	48	45	50

程序

```
① proc anova data=a1; class ni group;
② model patent=ni group ni*group;
③ means ni group/alpha=0.05 lsd; run;
```

① 进行不同净利润(ni)和研发费支出规模下的方差分析。

② 专利权数目作为因变量(patent), 净利润和研发费支出规模的两个因子变量的交互变量作为自变量来进行回归分析。

③ 根据最小显著性差异法分析对两个因子变量, 进行对其总样本的均值的多重比较分析。

执行结果

```
                              The ANOVA Procedure
                    Dependent Variable: patent    patent

                                          Sum of
Source                       DF          Squares     Mean Square    F Value    Pr > F
Model                         5       548.476190      109.695238       3.67    0.0087
Error                        36      1075.428571       29.873016
Corrected Total              41      1623.904762

              R-Square     Coeff Var      Root MSE    patent Mean
              0.337751      12.24952      5.465621       44.61905

Source                       DF         Anova SS     Mean Square    F Value    Pr > F
ni                            1        0.3809524       0.3809524       0.01    0.9107
group                         2      530.3333333     265.1666667       8.88    0.0007
ni*group                      2       17.7619048       8.8809524       0.30    0.7446
```

由分析结果可看出, 研发费支出规模的F值为8.88, p-value为0.0007, 小于显著水平0.05。因此, 原假设被拒绝, 不同研发费支出规模下的专利权数目之间存在显著性的差异。但是和净利润(ni)的交互项(ni*group)不存在显著性差异。也就是说, 专利权数目在净利润高的样本和低的样本之间不存在显著性差异。

```
                 Alpha                                0.05
                 Error Degrees of Freedom               36
                 Error Mean Square                29.87302
                 Critical Value of t               2.02809
                 Least Significant Difference       3.4208

         Means with the same letter are not significantly different.

              t Grouping          Mean      N    ni

                       A        44.714     21    2
                       A
                       A        44.524     21    1
```

以上的分析结果是通过使用最小显著性差异方法，对不同净利润下专利权数目的差异进行检验的结果，与前面的结果一样，不论净利润的高低，专利权数目不存在显著性的差异。

```
                    Alpha                              0.05
                    Error Degrees of Freedom             36
                    Error Mean Square              29.87302
                    Critical Value of t             2.02809
                    Least Significant Difference     4.1897


        Means with the same letter are not significantly different.


            t Grouping          Mean       N    group

                     A        48.643      14    3
                     A
                     A        45.214      14    1

                     B        40.000      14    2
```

接着是对不同研发费支出规模下的专利权数目的差异分析结果。样本 3和样本 1之间的专利权数目不存在显著性差异，但样本1和样本3分别与样本2之间的专利权数目存在显著性的差异。

本章的SAS程序

单因素方差分析

```
proc anova data=a1; class group; model patent=group;
means group/alpha=0.05 lsd; run;
```

双因素方差分析

```
proc anova data=a1; class ni group;
model patent=ni group ni*group;
means ni group/alpha=0.05 lsd; run;
```

CHAPTER

7 差异分析

第1节 t-检验

t-检验指的是分析两个样本组的均值差异的时使用的统计方法。比如说，当要分析“男女之间工资是否存在差异？”的时候，就相当于要比较两个样本组之间的差异。

例题 7-1 为了分析各企业里的男女之间工资是否存在差异， 我们对30个企业的男女平均工资进行了调查。我们在显著水平5%下来检验各企业的男女之间工资是否存在差异。

男(X)	41	44	42	45	49	46	48	50	42	44	46	46	47	48	47
女(Y)	40	46	42	45	45	46	42	44	40	40	44	46	42	42	44

首先，在两个样本组的方差相同的假定下对检验统计量t值进行计算。如下公式所示。

$$t = \frac{(\overline{X} - \overline{Y}) - (\mu_x - \mu_y)}{\sqrt{\sigma_1^2/n_1 + \sigma_2^2/n_2}}$$

$\overline{X}$ = 男性平均工资

$\overline{Y}$ = 女性平均工资

$\mu_{x,y}$ = 原假设里的总体均值 X，Y的均值

$n_{1,2}$ = 男性，女性的样本数

$\sigma^2$1，2= 男性，女性平均工资方差

这个时候，方差如果不相同的情况，可根据以下公式求出协方差。

$$S_p^2=\frac{\sum_{i=1}^{n_1}(X_i-\overline{X})^2+\sum_{i=1}^{n_2}(Y_i-\overline{Y})^2}{n_1+n_2-2}=\frac{(n_1-1)S_1^2+(n_2-1)S_2^2}{n_1+n_2-2}$$

如上求出协方差 S_p^2的话，可以根据以下公式求得最终的 t值。

$$t=\frac{(\overline{X}-\overline{Y})-(\mu_x-\mu_y)}{S_p\sqrt{\frac{1}{n_1}+\frac{1}{n_2}}}$$

为了求出检验统计量 t值所需的资料如下。

男性工资：$\overline{X}=45.67,\ \sum_{i=1}^{n}(X_i-\overline{X})^2=99.33$，　**女性工资**：$\overline{Y}=43.2,\ \sum_{i=1}^{n}(Y_i-\overline{Y})^2=68.40$

原假设里总体均值间的差异为0，所以样本均值的差异除以标准差，可求得以下检验统计量。

$$S_p^2=\frac{99.33+68.40}{15+15-2}=5.990\ ,\ \ S_p=\sqrt{S_p^2}=2.447$$

$$t=\frac{45.67-43.2-0}{2.447\sqrt{\frac{1}{15}+\frac{1}{15}}}=2.76$$

计算求得的 t值和临界值进行比较来决定假设的采纳与否。找出来临界值自由度是28，显著水平是5%的值就可以了(参考 附录 2 ：t分布表)。t值(2.76)比临界值(2.048)高，意味着“男女之间工资没有差异。”这样的假设被驳回。由此可得出，男女之间工资的均值是存在差异的。

以上解释说明的t-检验可通过下列 SAS程序来实现。

程序

```
proc ttest data=a1; class y; var x; run;
```

在数据 a1里的变量 x(男, 女工资), 根据y(男性=1, 女性=0)值不同来进行分类, 通过 proc ttest程序来进行均值差异分析。

执行结果

```
                              The TTEST Procedure

                               Variable:  x  (x)

        y               N        Mean     Std Dev     Std Err     Minimum     Maximum

        0              15     43.2000      2.2104      0.5707     40.0000     46.0000
        1              15     45.6667      2.6637      0.6878     41.0000     50.0000
        Diff (1-2)            -2.4667      2.4475      0.8937

  y           Method               Mean      95% CL Mean        Std Dev      95% CL Std Dev

  0                             43.2000    41.9759  44.4241      2.2104    1.6183   3.4860
  1                             45.6667    44.1916  47.1418      2.6637    1.9502   4.2009
  Diff (1-2)  Pooled            -2.4667    -4.2974  -0.6360      2.4475    1.9423   3.3102
  Diff (1-2)  Satterthwaite     -2.4667    -4.3002  -0.6332

              Method           Variances        DF    t Value    Pr > |t|

              Pooled           Equal            28      -2.76      0.0101
              Satterthwaite    Unequal      27.079      -2.76      0.0102

                           Equality of Variances

                  Method      Num DF    Den DF    F Value    Pr > F

                  Folded F        14        14       1.45    0.4941
```

t-检验是在两样本的方差是相同的假定下, 但是, 如果两个样本的方差是不同的话, 检验统计量的分布虽然是 t分布, 但自由度是不同的。在此检验两样本组间差异之前, 首先要确认说明等方差与否的Equality of Variances。分析结果显示, F值是1.45, 显著水平p-value是0.4941, 等方差性被采纳。因此, 方差是equal的时候, 要选择分析结果。因此t-检验的结果, t值是-2.76, p-value是0.01, 说明男女之间工资是存在显著性的差异的。

使用以下程序, 我们来用矩形图来呈现男女工资的情况。

程序

```
proc univariate data=a1;
class y; var x; histogram x/kernel; run;
```

在数据 a1里的变量 x根据 y值来分类，以矩形图来呈现。

执行结果

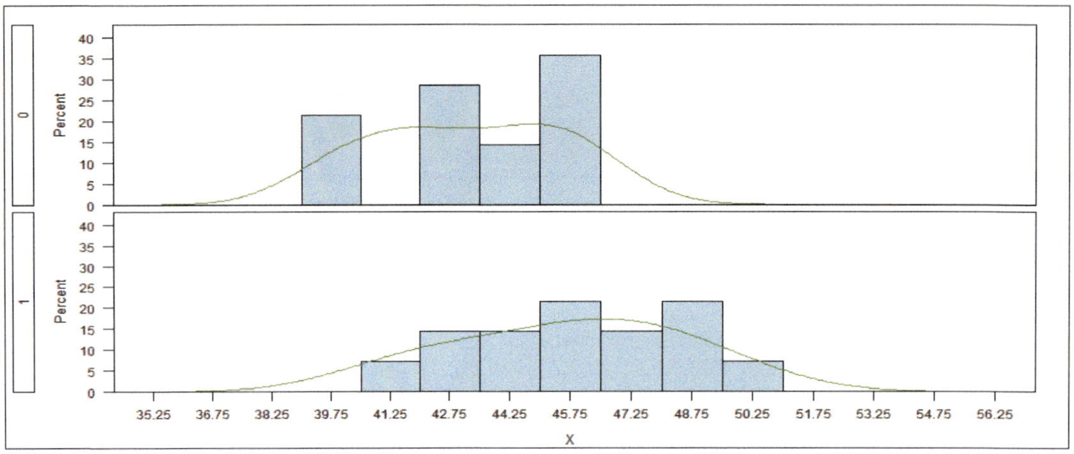

第2节 双体 t-检验

t-检验是用来检验两个独立的总体间的均值差异, 双体t-检验是分析一个样本组内训练效果, 政策效果等的处理效果时, 处理前后的差异是否具有意义。像这样的有对应的双体比较资料的情况, 先求实验前和后的资料差异, 然后采取"这个差异是不是等于 0?"这样的形式来进行。

使用统计计算方法, 假定两变量之间的差异是D, 那么D的均值和方差可根据以下公式求得。

$$\overline{D} = \frac{1}{n}\sum_{i=1}^{n} D_i \qquad S_D^2 = \frac{\sum_{i=1}^{n}(D_i - \overline{D})^2}{n-1}$$

两变量间的差异用均值和方差, 可以通过以下公式求出 t值。

$$t = \frac{\overline{D} - \delta}{S_D / \sqrt{n}}$$

例题 7-2　以下是2015年度和 2016年度各企业的本期净利润(NI)资料。使用双体 t-检验我们来分析两个期间之间净利润的差异。

企业代码	1	2	3	4	5	6	7	8	9	10	11	12	13	14	15
2015 NI(x)	82	73	70	60	88	84	65	37	91	98	52	78	40	79	59
2016 NI(y)	82	71	95	69	100	71	75	60	95	99	65	83	60	86	62
差值	0	2	-25	-9	-12	13	-10	-23	-4	-1	-13	-5	-20	-7	-3
差值的平方	0	4	625	81	144	169	100	529	16	1	169	25	400	49	9

为求得检验统计量t值所需资料如下。

$$\sum_{i=1}^{15} D_i = -117, \quad \sum_{i=1}^{15} D_i^2 = 2{,}321, \quad \overline{D} = -117/15 = -7.8$$

$$S_D^2 = \frac{2{,}321 - (-7.8^2 \times 15)}{15-1} = 100.6, \quad S_D = 10.02, \quad t_{14,\,0.025} = \pm 2.145$$

检验统计量 $t = \dfrac{-7.8 - 0}{10.02/\sqrt{15}} = -3.010$

检验统计量 t值是−3.01，比临界值 −2.145小，意味着2015年度和2016年度本期净利润之间存在显著性差异。

上述双体 t−检验可通过以下两种 SAS 程序来进行假设检验。

程序

```
data a2; set a1;
① diff=x−y;
② proc means data=a2 mean stderr t prt; var diff; run;
```

① diff是表示变量x和y的差异。

② 使用proc means程序，可求出mean(均值)，stderr(标准误差)，t(t值)，prt(p−value)来得出双体t−检验统计量。

执行结果

```
                The MEANS Procedure

            Analysis Variable : diff

      Mean        Std Error    t Value    Pr > |t|
  -----------------------------------------------
  -7.8000000      2.5897233     -3.01      0.0093
  -----------------------------------------------
```

此执行结果和前面计算式的结果显示的是相同的t值(−3.01)，通过双体t−检验，结果显示，2015年度和2016年度的本期净利润在显著水平1%程度下是存在显著性差异的。

以下是通过 proc ttest 程序来检验的方法。

程序

```
proc ttest data=a1; paired x*y; run;
```

在proc ttest程序里追加 paired x*y, 来进行双体 t-检验。

执行结果

```
                    The TTEST Procedure
                    Difference:  x - y
 N       Mean     Std Dev    Std Err    Minimum    Maximum
15    -7.8000    10.0300     2.5897   -25.0000    13.0000
     Mean       95% CL Mean         Std Dev     95% CL Std Dev
  -7.8000    -13.3544  -2.2456     10.0300     7.3432  15.8182
                    DF     t Value     Pr > |t|
                    14      -3.01       0.0093
```

我们可以看到, 此程序的执行结果与前面所得出的结果是相同的值。

第3节 t-检验的适用错误

前面的双体t-检验样本如果认为是没有对应的情况而选用 proc ttest的话，会发生以下的错误。

程序

```
proc ttest data=a1; class y; var x; run;
```

执行结果

The TTEST Procedure

Statistics

Variable	y	N	Lower CL Mean	Mean	Upper CL Mean	Lower CL Std Dev	Std Dev	Upper CL Std Dev	Std Err
x	0	15	70.273	78.2	86.127	10.48	14.314	22.574	3.6958
x	1	15	60.362	70.4	80.438	13.27	18.126	28.586	4.68
x	Diff (1-2)		-4.415	7.8	20.015	12.96	16.331	22.087	5.9634

T-Tests

Variable	Method	Variances	DF	t Value	Pr > |t|
x	Pooled	Equal	28	1.31	0.2015
x	Satterthwaite	Unequal	26.6	1.31	0.2021

Equality of Variances

Variable	Method	Num DF	Den DF	F Value	Pr > F
x	Folded F	14	14	1.60	0.3876

分析结果显示，t值是1.31，意味着各年度净利润之间不存在差异。像这样进行t-检验的情况，则与前面双体 t-检验的结果不同。

第4节 两总体比例之差检验

对两样本组比例的假设检验与两样本组间的均值差异检验是同样的方法。为了两总体的比例差异检验，使用二项分布或者样本的大小充分大的话，(n>30)，根据中心极限定理，越接近正态分布即可使用 Z 检验统计量。

$$Z = \frac{\text{样本均值差}}{\text{标准误差}}$$

在这里面，对于总体的标准误差，一般来说，代替总体而使用样本的方差S_1^2和 S_2^2，进而使用$\sqrt{S_1^2/n_1+S_2^2/n_2}$。根据以下公式可求出Z检验统计量。

$$Z=\frac{(\overline{X_1}-\overline{X_2})}{\sqrt{S_1^2/n_1+S_2^2/n_2}}$$

通过上述式子，根据Z检验统计量和显著水平相对应的临界值，通过比较用以检验假设。

例题 7-3 随机选择A行业和 B行业的企业，这两个行业各行业的企业收益率分析的结果如下表所示。我们来检验一下在显著水平1%下A行业和B行业之间收益率有无差异。

行业	企业数	年收益率	标准差
A行业	50	4.5%	2.1
B行业	45	3.9%	1.5

$$Z=\frac{(\overline{X_1}-\overline{X_2})}{\sqrt{S_1^2/n_1+S_2^2/n_2}}=\frac{(4.5-3.9)}{\sqrt{(2.1)^2/50+(1.5)^2/45}}=\frac{0.6}{\sqrt{0.0882+0.05}}=1.61$$

Z检验统计量大于2.57的话，在显著水平1%下，可以驳回原假设。但Z值是1.61，比2.57小，说明两行业的收益率间不存在显著的差异。

程序

```
data a1;
① n1=50; n2=45; x1=4.5; x2=3.9; s1=2.1; s2=1.5; xd=x1-x2;
② ztest=xd/(sqrt(s1**2/n1+s2**2/n2));
③ zscope=probit(0.995); run;
④ proc print data=a1; run;
```

① 指定两样本组的样本数, 收益率, 标准差和收益率的差异变量名。

② 根据上述计算公式得出Z检验统计量(sprt是平方根, **是平方)。

③ 1%的临界值用zscope指定。

④ 输出数据a1的结果。

执行结果

OBS	n1	n2	x1	x2	s1	s2	xd	ztest	zscope
1	50	45	4.5	3.9	2.1	1.5	0.6	1.61398	2.57583

执行结果显示, 比较Z-test(检验统计量)和Z-scope(临界值)的话, 临界值比检验统计量大, 因此 "两行业的收益率间无差异"的主张被采纳。

本章的SAS程序

t-检验

```
proc ttest data=a1; class y; var x; run;
```

矩形图

```
proc univariate data=a1;
class y; var x; histogram x/kernel; run;
```

双体 t-检验的两种方法

```
① data a2; set a1;
   diff=x-y;
   proc means data=a2 mean stderr t prt; var diff; run;
② proc ttest data=a1; paired x*y; run;
```

两总体比例之差检验

```
data a1;
n1=50; n2=45; x1=4.5; x2=3.9; s1=2.1; s2=1.5; xd=x1-x2;
ztest=xd/(sqrt(s1**2/n1+s2**2/n2));
zscope=probit(0.995); run;
proc print data=a1; run;
```

CHAPTER

8

非参数差异检验

一般来说，前面章节所说明的t-检验的情况是在像总体参数或者样本的统计量这样特定分布的假定下进行的。但是样本数较少，或者定类，定序尺度这样的变量则不能假定为正态分布或者特定的分布。这种情况要使用非参数统计里的差异分析方法。

非参数统计分析方法主要使用把观测值和特定的值进行比较或者互相比较后取得顺位的相对大小，还有根据顺位的分数，进行差异分析。

第1节 威尔科克森秩和检验(Wilcoxon Rank Sum Test)

与t-检验对应的是非参数检验方法，它一般是针对资料主要以顺位组成的情况或者不是正态分布时使用的一种检验方法。这种检验方法是从互相独立的两个总体中抽取样本的中位数大小来进行比较，检验是否存在显著性水平的差异的方法。具体的过程是，不互相区分两个样本组的观测值，进行从小到大排序后，将两个样本组的各观测值被赋予的顺位之和作为检验统计量来进行差异检验。

例题 8-1　假定要调查两种生产方法 A，B下每小时的生产量是否存在差异。以17名 生产者为调查对象，对其中 8名适用A方法，9名适用B方法之后，每小时的生产量测定结果如下表所示。使用以下资料我们来进行威尔科克森秩和检验。

A	90	86	72	65	44	52	46	38		顺位和
顺位	17	15	13	11	4.5	8	6.5	2		77
B	80	70	62	53	87	44	42	35	46	
顺位	14	12	10	9	16	4.5	3	1	6.5	76

首先，把两个样本组互相统合进行排序后各观测值都会被赋予一个顺位。如果，相同的顺位的情况则是以中间值作为顺位值。然后，再把两个样本组分开，接着求出各样本组的顺位之和。

例题 8-1里，各观测值下面标的是顺位的值，最后求出的是顺位之和。

上述威尔科克森秩和检验可通过以下SAS程序进行检验。

程序

```
proc npar1way wilcoxon data=a1; class group; var x; run;
```

对于数据a1的变量x(生产量)，按照group(A，B)来分组，进行威尔科克森秩和检验。

执行结果

```
                        The NPAR1WAY Procedure

              Wilcoxon Scores (Rank Sums) for Variable x
                     Classified by Variable group

                        Sum of      Expected       Std Dev          Mean
group          N        Scores      Under H0      Under H0         Score
-------------------------------------------------------------------------
0              8          77.0          72.0     10.379561      9.625000
1              9          76.0          81.0     10.379561      8.444444

                  Average scores were used for ties.

                       Wilcoxon Two-Sample Test

                     Statistic             77.0000

                     Normal Approximation
                     Z                      0.4335
                     One-Sided Pr >  Z      0.3323
                     Two-Sided Pr > |Z|     0.6646

                     t Approximation
                     One-Sided Pr >  Z      0.3352
                     Two-Sided Pr > |Z|     0.6704

              Z includes a continuity correction of 0.5.

                         Kruskal-Wallis Test

                     Chi-Square             0.2321
                     DF                          1
                     Pr > Chi-Square        0.6300
```

结果显示，威尔科克森秩和检验的Z值是0.4335，双侧检验p-value为0.6646。由此可知，两样本组的每小时生产量之间没有显著性差异。

第2节 威尔科克森配对符号秩检验(WilcoxonMatched-Pairs Signed-Rank Test)

威尔科克森配对符号秩检验是与双体t-检验对应的非参数统计方法， 它是通过配对后对于两样本组之间的差异进行排位之后+，−样本组的顺位和来检验假设的方法。X_i和Y_i分别是两组样本的第i个测定值，D_i是配对后两组资料的差异，即 $X_i - Y_i$。根据D_i值大小，赋予+或者-的符号后，以$|D_i|$值从小到大顺序排列来赋予顺位，如果$|D_i|=0$的话，要去除相关数据，同顺位则赋予顺位的平均。K+和K−是各自具有 +/−符号的顺位之和，两个中位数相同的话，K+和 K−应该是相似的。但是不相同的话，K+和 K−则会呈现非正常的分布。

例题 8-2 以投资研发费的企业为研究对象，调查了企业研发投入前后各企业的专利数。我们来检验一下两组资料的中位数是否相同。

投资前(X)	54	49	60	57	59	64	56	58	56	63
投资后(Y)	51	47	67	59	63	48	56	40	60	60
$\lvert D_i \rvert$	3	2	7	2	4	16	0	18	4	3
符号	+	+	−	−	−	+	+	+	−	+
顺位	4.5	2.5	8	2.5	6.5	9	1	10	6.5	4.5

$$K+ = 4.5 + 2.5 + 9 + 1 + 10 + 4.5 = 31.5$$

$$K- = 8 + 2.5 + 6.5 + 6.5 = 23.5$$

威尔科克森符号秩检验统计量(31.5或23.5)相对应的显著概率p-value与要检验的显著水平的值进行比较后采纳假设。

为了做与此对应的非参数样本组的威尔科克森符号秩检验，首先求出两样本组的差异，然后可使用 proc univariate来输出显著水平。

程序

```
data a2; set a1;
 diff=x-y; run; proc univariate data=a2; var diff; run;
```

diff是变量x-y的值，使用univariate程序，可以输出数据a2里变量diff的描述性统计量。

执行结果

```
                    The UNIVARIATE Procedure
                       Variable:  diff

                           Moments

N                          10    Sum Weights                 10
Mean                      2.5    Sum Observations            25
Std Deviation      8.32999933    Variance            69.3888889
Skewness           1.12238659    Kurtosis             0.3341833
Uncorrected SS            687    Corrected SS             624.5
Coeff Variation    333.199973    Std Error Mean      2.63417708

                  Basic Statistical Measures

        Location                    Variability

    Mean     2.50000     Std Deviation            8.33000
    Median   1.00000     Variance                69.38889
    Mode    -4.00000     Range                   25.00000
                         Interquartile Range      7.00000

Note: The mode displayed is the smallest of 2 modes with a count of 2.

                  Tests for Location: Mu0=0

          Test           -Statistic-    -----p Value------

          Student's t    t  0.949063    Pr > |t|    0.3674
          Sign           M       0.5    Pr >= |M|   1.0000
          Signed Rank    S         3    Pr >= |S|   0.7656
```

检验结果，可通过位置参数检验中符号顺序的p-value来验证假设。执行结果显示p值为 0.7656，因此两样本组间的中位数无显著性的差异。

本章的SAS程序

威尔科克森秩和检验

```
proc npar1way wilcoxon data=a1; class group; var x; run;
```

矩形图

```
data a2; set a1;
diff=x-y; run; proc univariate data=a2; var diff; run;
```

CHAPTER

9 相关分析

第1节 相关分析

相关分析是为了把握变量之间的关联性进行的分析方法之一, 它是分析变量之间是具有什么样的线性关系的方法。这时, 变量之间的独立的关系或者相互间的关联性程度称为相关关系。

相关分析可以分为简单相关分析(Simple Correlation Analysis), 多元相关分析, 偏相关分析(Partial Correlation Analysis)。其中, 简单相关分析是测定简单的两个变量之间有多大程度的关系, 多元相关分析是测定三个以上变量之间的关系强度。还有偏相关分析是指固定和其他变量之间的关系, 只代表两个变量之间的关系强度。像这样的相关分析仅是显示变量之间的关联程度而已, 并不是说明因果关系。所以, 当需要了解两个变量之间的因果关系, 可使用第10章的回归分析。

第2节 皮尔逊相关分析(Pearson Correlation Analysis)

皮尔逊相关分析是为了求出两个变量间的关联性而普遍使用的方法, 即它是分析变量X和Y之间, 具有多大程度(ρ), 什么方向(+, −)的关联性的方法。像这样的相关系数根据以下公式计算得出。

$$\rho_{xy}=\frac{\sum_{i=1}^{n}(X_i-\overline{X})(Y_i-\overline{Y})}{\sqrt{\sum_{i=1}^{n}(X_i-\overline{X})^2}\sqrt{\sum_{i=1}^{n}(Y_i-\overline{Y})^2}} \qquad \rho_{xy}=\frac{\sum_{i=1}^{n}(X_iY_i-n\overline{X}\overline{Y})}{\sqrt{\sum_{i=1}^{n}X_i^2-n\overline{X^2}}\sqrt{\sum_{i=1}^{n}Y_i^2-n\overline{Y^2}}}$$

相关系数的特性如下：

① 相关系数(ρ)始终在如下范围内。$-1\leqq\rho\leqq 1$

② X和 Y之间若不存在相关关系, 那么 $\rho=0$。虽然根据研究性质和资料特征的不同而不同, 但大体上0.3以上, 认为是存在相关关系。

③ 相关关系是显示两个变量之间线性关系的尺度, 并不是函数关系的尺度。

例题 9-1 以下是20个地区的产业化水平(X)和环境污染水平的测定结果。我们通过以下资料来求一下相关系数。

地区代码(n)	X	Y	地区代码(n)	X	Y
1	85	118	11	54	67
2	73	90	12	71	78
3	88	123	13	62	74
4	52	74	14	67	60
5	85	98	15	82	101
6	68	91	16	80	89
7	109	113	17	76	85
8	47	62	18	86	82
9	79	76	19	55	52
10	60	63	20	91	105

[资料 9-1] 各地区产业化及其环境污染水平

$$\sum_{i=1}^{20} X_i = 1{,}470 \quad \overline{X} = 73.5 \quad \sum_{i=1}^{20} Y_i = 1{,}701 \quad \overline{Y} = 85.05$$

$$\sum_{i=1}^{20} X_i^2 = 112{,}674 \quad \sum_{i=1}^{20} Y_i^2 = 152{,}231 \quad \sum_{i=1}^{20} X_i Y_i = 129{,}898$$

使用相关关系的公式求出相关系数的话，可以得出以下结果。

$$\rho = \frac{129{,}898 - 20 \times 73.5 \times 85.05}{\sqrt{112{,}674 - 20 \times 73.5^2}\ \sqrt{152{,}321 - 20 \times 85.05^2}} = 0.819, \quad t = \frac{r}{\sqrt{(1-r^2)/n-2}}$$

自由度服从 n-2的t分布，t值如下。

$$t = \frac{0.819}{\sqrt{(1-(0.819)^2)/20-2}} = 6.05$$

这两个变量的相关系数是0.819，t值是6.05，结果说明他们之间存在显著性的正(+)的关联性。也就是说，产业化水平和环境污染水平之间存在正(+)的相关性，即我们可以知道产业化水平越高，环境污染水平越高。但是，这里的相关系数0.819只是简单地说明关联性的强度而已，并不是像回归分析一样，即产业化水平增加1个单位，环境污染水平增加0.891。

以上所说明的相关系数，可以使用以下SAS程序求出。

程序

```
proc corr data=a1; var x y; run;
```

使用proc corr程序，执行变量x和y的相关分析。

执行结果

The CORR Procedure

2 Variables: x Y

Simple Statistics

Variable	N	Mean	Std Dev	Sum	Minimum	Maximum	Label
x	20	73.50000	15.60870	1470	47.00000	109.00000	x
Y	20	85.05000	20.06693	1701	52.00000	123.00000	Y

Pearson Correlation Coefficients, N = 20
Prob > |r| under H0: Rho=0

	x	Y
x x	1.00000	0.81908 <.0001
Y Y	0.81908 <.0001	1.00000

分析结果显示，x和y的相关系数是0.819，p-value是 0.0001表明是显著的。另外，相关系数越接近-1或者+1，则"两变量的相关系数是0"这样的假设被驳回的概率越大。

第3节 多元相关分析

不仅是两个变量之间的关联性，3个以上的变量之间的关系也是可以分析的，这种称为多重相关分析。

例题 9-2 以下是20个地区的产业化水平(X)，环境污染水平(Y)，以及人口集中度(Z)的测定结果。W变量与Y变量符号相反。我们来求一下各变量之间的相关关系。

地区代码	X	Y	Z	W	地区代码	X	Y	Z	W
1	85	118	40	−118	11	54	67	46	−67
2	73	90	20	−90	12	71	78	89	−78
3	88	123	40	−123	13	62	74	32	−74
4	52	74	50	−74	14	67	60	85	−60
5	85	98	50	−98	15	82	101	33	−101
6	68	91	50	−91	16	80	89	76	−89
7	109	113	70	−113	17	76	85	11	−85
8	47	62	70	−62	18	86	82	40	−82
9	79	76	70	−76	19	55	52	56	−52
10	60	63	89	−63	20	91	105	12	−105

[资料 9-2] 各地区产业化，环境污染水平以及人口集中度

程序

```
proc corr data=a1; var x y z w; run;
```

执行分析数据a1里的变量 x，y，z，w 之间的相关分析。

执行结果

```
                         The CORR Procedure
              4  Variables:   x        Y        Z        W

                         Simple Statistics
Variable        N        Mean     Std Dev        Sum      Minimum      Maximum   Label

x              20    73.50000    15.60870       1470     47.00000    109.00000   x
Y              20    85.05000    20.06693       1701     52.00000    123.00000   Y
Z              20    51.45000    23.98569       1029     11.00000     89.00000   Z
W              20   -85.05000    20.06693      -1701   -123.00000    -52.00000   W
```

Pearson Correlation Coefficients, N = 20
Prob > |r| under H0: Rho=0

	x	Y	Z	W
x x	1.00000	0.81908 <.0001	-0.21024 0.3736	-0.81908 <.0001
Y Y	0.81908 <.0001	1.00000	-0.41262 0.0706	-1.00000 <.0001
Z Z	-0.21024 0.3736	-0.41262 0.0706	1.00000	0.41262 0.0706
W W	-0.81908 <.0001	-1.00000 <.0001	0.41262 0.0706	1.00000

分析结果显示, x和y有高的正(+)相关(0.819), 和z具有不显著的负(−)相关(−0.210)。接着是, y和z具有显著的负(−)相关(−0.413), y和w具有完全的负(−)相关(−1.000)。这是因为y和w仅仅是符号不同的相同的值。同样的原因, 变量x, z和变量y, w的相关系数虽然符号是不同的, 但是值是同样的。

通常来说, 相关系数是±0.7以上的话, 说明相关关系很高, 在位于±0.4~0.7之间的话, 说明相关关系一般, 在±0.2~0.4之间的话, 存在弱相关, ±0.2以下的话, 说明几乎不存在相关关系。因此, 相关系数越接近1或者−1, 相关关系的显著性增加, 越是接近0, 相关关系的显著性则降低。

第4节 斯皮尔曼相关分析(Spearman Correlation Analysis)

斯皮尔曼相关分析指的是对于数据是定序尺度的情况, 也就是说, 不使用资料的值, 而是使用顺位的情况进行的相关分析, 赋予数据顺位之后, 求出相关系数。斯皮尔曼相关分析不考虑观测值的值大小, 先对观测值赋予顺位后, 进而对相互间的观测值顺位进行验证其是否具有关联性。比如说, 对变量X和Y的相关性进行斯皮尔曼相关分析的话, 与各变量的值大小无关, 赋予顺位后, 来检验他们间的相关性。主要在自变量和因变量是定序尺度的情况, 或者变量的分数呈现极端的分布的情况, 还有资料是未满30个的情况等都可以使用这种方法。这时, 变量X和Y的顺位间若没有相关性的话, 相关关系则会越接近0, 相关性高的话, 则会越接近±1。

斯皮尔曼相关系数可根据以下公式求得。

$$\theta_{XY} = \frac{\Sigma(R_i - \overline{R})(S_i - \overline{S})}{\sqrt{\Sigma(R_i - \overline{R})^2 (S_i - \overline{S})^2}} \qquad (-1 \le \theta_{XY} \le 1)$$

R_i : X_i的顺位, S_i : Y_i的顺位, $\overline{R}$: X的顺位平均, $\overline{S}$: Y的顺位平均

例题 9-3 以下是各企业的财务信息X，Y和顺位变量XRANK和YRANK。我们来求一下各变量间的相关关系。

企业代码	X	XRANK	Y	YRANK
1	43	10	46	10
2	55	9	54	9
3	60	8	68	7
4	64	7	62	8
5	72	6	70	6
6	75	5	81	4
7	82	4	88	3
8	91	3	80	5
9	94	2	90	2
10	95	1	96	1

首先在进行斯皮尔曼相关分析之前，我们先来进行财务资料的顺位变量间的皮尔逊相关分析。

程序

```
proc corr data=a1; var XRANK YRANK; run;
```

执行主要财务信息x和y的顺位变量XRANK和YRANK的皮尔逊相关分析。

执行结果

```
                         The CORR Procedure

                    2  Variables:    XRANK    YRANK

                         Simple Statistics

Variable      N       Mean     Std Dev        Sum    Minimum    Maximum   Label

XRANK        10    5.50000     3.02765   55.00000    1.00000   10.00000   XRANK
YRANK        10    5.50000     3.02765   55.00000    1.00000   10.00000   YRANK

                Pearson Correlation Coefficients, N = 10
                       Prob > |r| under H0: Rho=0

                               XRANK         YRANK

                  XRANK      1.00000       0.95152
                  XRANK                     <.0001

                  YRANK      0.95152       1.00000
                  YRANK       <.0001
```

分析结果显示，变量XRANK和YRANK是显著的正(+)相关，相关系数是0.9515。

接下来我们来执行对财务信息X和Y的斯皮尔曼相关分析。在SAS里面，在proc corr程序后面追加spearman，来执行斯皮尔曼相关分析。

程序

```
proc corr spearman data=a1; var x y; run;
```

执行变量x和y的斯皮尔曼相关分析。

执行结果

```
                              The CORR Procedure

                         2  Variables:    X         Y

                               Simple Statistics

Variable          N        Mean     Std Dev      Median     Minimum     Maximum   Label

X                10    73.10000    17.66635    73.50000    43.00000    95.00000   X
Y                10    73.50000    16.32483    75.00000    46.00000    96.00000   Y

                     Spearman Correlation Coefficients, N = 10
                            Prob > |r| under H0: Rho=0

                                       X             Y

                      X          1.00000       0.95152
                      X                         <.0001

                      Y          0.95152       1.00000
                      Y           <.0001
```

分析结果显示, 这个值与XRANK和YRNAK间的皮尔逊相关分析结果是一样的。也就是说, 顺位变量(XRANK, YRNAK)的皮尔逊相关分析和原变量(X, Y)的斯皮尔曼分析是一样的。

第5节 偏相关分析(Partial Correlation Analysis)

偏相关分析指的是分析各变量间的关联性时, 控制其他变量的效果进行分析的方法。也就是说, 它是除去其他变量的影响, 只求两个变量(X, Y)间单纯的相关性时使用的一种分析方法。

比如, 个人所得和冰淇淋购买个数之间的相关系数高, 那么我们不能得出所得越高, 冰淇淋购买个数越多这样的结论。在这里, 控制了温度(或者季节)这样的第3变量的话, 两个变量的相关系数就变得不一样了。即, 它是在有变量X(所得), Y(温度), Z(冰淇淋购买个数)时, 控制温度, 然后单纯地对所得和冰淇淋购买个数间的关联性进行分析的方法。

以下是控制变量Y后的变量X和Z的偏相关系数($\rho_{XZ,Y}$)的公式。

$$\rho_{XZ,Y}=(\rho_{XZ}-\rho_{XY}\cdot\rho_{ZY})/\sqrt{(1-\rho_{YX}^2)(1-\rho_{YZ}^2)}$$

例题 9-4 以下是各地区主要冰淇淋销售量(X)，温度(Y)，还有各地区的平均所得分位信息。各变量的相关关系和温度控制后，我们来求一下冰淇淋销售量和所得分位间的相关关系。

地区	X	Y	Z
1	150	29	6
2	160	30	7
3	170	31	8
4	175	31	6
5	170	30	7
6	160	29	6
7	140	28	5
8	170	30	4
9	195	31	8
10	210	32	9
11	240	33	7
12	250	34	10

程序

```
① proc corr data=a1; var x z y; run;
② proc corr data=a1; var x z; partial y; run;
```

① 执行变量 x y z的相关分析。

② 在proc corr程序后追加partial程序，控制y变量后，执行x和z的偏相关分析。

执行结果：相关分析

```
                              The CORR Procedure

                        3 Variables:    x         z         Y

                              Simple Statistics

Variable          N        Mean     Std Dev         Sum     Minimum     Maximum   Label

x                12   182.50000    34.60820        2190   140.00000   250.00000   x
z                12     6.91667     1.67649    83.00000     4.00000    10.00000   z
Y                12    30.66667     1.72328   368.00000    28.00000    34.00000   Y

                    Pearson Correlation Coefficients, N = 12
                           Prob > |r| under H0: Rho=0

                              x            z            Y

                 x      1.00000      0.69333      0.96031
                 x                    0.0124       <.0001

                 z      0.69333      1.00000      0.74471
                 z       0.0124                    0.0055

                 Y      0.96031      0.74471      1.00000
                 Y       <.0001       0.0055
```

执行结果：偏相关分析

The CORR Procedure

```
1 Partial Variables:   Y
2         Variables:   x        Z
```

Simple Statistics

Variable	N	Mean	Std Dev	Sum	Minimum	Maximum	Partial Variance	Partial Std Dev	Label
Y	12	30.66667	1.72328	368.00000	28.00000	34.00000			Y
x	12	182.50000	34.60820	2190	140.00000	250.00000	102.50000	10.12423	x
Z	12	6.91667	1.67649	83.00000	4.00000	10.00000	1.37704	1.17347	Z

Pearson Partial Correlation Coefficients, N = 12
Prob > |r| under H0: Partial Rho=0

	x	Z
x x	1.00000	-0.11724 0.7314
Z Z	-0.11724 0.7314	1.00000

分析结果显示，多重分析里的变量X和Z的相关系数是显著的正(+)相关，但是控制Y变量之后，变量X和Z的偏相关系数是不显著的负(–)相关系数。也就是，温度被控制的话，冰淇淋销售量和个人所得水平的相关性是不显著的。

本章的SAS程序

简单相关分析

```
proc corr data=a1; var x y; run;
```

多元相关分析

```
proc corr data=a1; var x y w z; run;
```

斯皮尔曼相关分析

```
proc corr spearman data=a1; var x y; run;
```

偏相关分析

```
proc corr data=a1; var x z; partial y; run;
```

CHAPTER

10 回归分析

回归分析(Regression Analysis)是分析变量之间的因果关系的方法，简单地用式子来说明的话，即可表现为 $Y=a+bX_1+cX_2$ 等这样的函数式形态。这里X是自变量，Y是因变量。另外，自变量X的数目是1个的情况称为一元回归分析，2个以上的情况称为多元回归分析。

比如说，我们假定企业的研发费(X1)和广告宣传费(X2)对营业收入有影响。那么通过两个自变量的回归分析，哪个变量对营业收入有多大程度的影响或者可以预测使哪个变量变化的话，营业收入随之会产生怎么样的变化。

第1节 一元回归分析

一元回归模型(Simple Regression Model)是一个自变量X和因变量Y之间的关系用线性关系来表示的情况。比如说，以下资料是披露的各企业的研发费(X)和营业收入(Y)信息，把它们之间的关系用线性关系式 $Y=a+bX$来表示的方法。

研发费(X)	60	55	57	59	61	63	72	66	68	75	78	73
营业收入(Y)	158	159	161	163	164	165	169	170	176	182	182	182

为了用线性关系式表示两个变量的关系，要通过下面的分散绘图来大致地把握两个变量之间有什么样的关系。

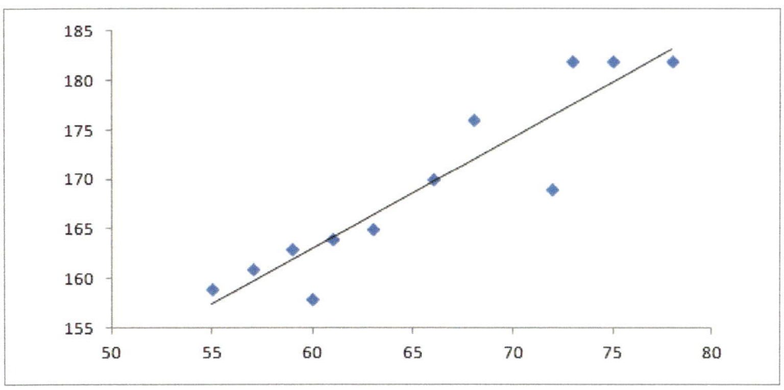

[图 10-1] 各企业研发费和营业收入的分散绘图

通过上面的分散绘图，我们可以看出研发费和营业收入存在正(+)的线性关系。还有，表示营业收入和研发费关系的直线称为回归线，通过这个线可以推断回归模型。

1) 通过最小二乘法(Least Square Method)的回归模型推断

分散绘图里面能表示研发费和营业收入关系的最佳回归线是使得个别观测值和回归线的距离最小化，找出这样的线的最具代表性的方法是最小二乘法。

最小二乘法是把回归线和观测值之间的差异值二次方之后全部加起来，也就是说误差的二次方的总和是最小值的时候回归线即导出。导出最佳的回归线的方法是有以下假定条件的。

① 误差的均值是0。

② 误差对于所有自变量的值有相同的方差。

③ 误差和自变量之间得没有相互关联性。

④ 误差和自变量互相独立。

⑤ 误差服从正态分布。

2) 回归式的推断

推断回归线意味着在$Y_i = \beta_1 + \beta_2 X_i + \varepsilon_i$这个式子里面推测截距$\beta_1$和斜边$\beta_2$的值。像这个求推测值的方法是使用前面解释过的最小二乘法。因为最小二乘法是要求在式子$Y_i = \beta_1 + \beta_2 X_i + \varepsilon_i$里面随机误差$\varepsilon_i$的值要最小，随机误差的最小二次方的总和E可表示如下。

$$E = \sum_{i=1}^{n} \varepsilon^{2_i} = \sum_{i=1}^{n} (Y_i - \widehat{Y}_i)^2 = Min \sum_{i=1}^{n} [Y_i - (\beta_1 + \beta_2 X_i)]^2$$

例题 10-1 为推断出各企业的研发费和营业收入之间的回归式，求得了各自的均值和偏差。我们通过这些资料来推断回归模型。

区分	研发费(X)	营业收入(Y)	$(X_i - \overline{X})$	$(Y_i - \overline{Y})$	$(X_i - \overline{X})(Y_i - \overline{Y})$	$(X_i - \overline{X})^2$
1	60	158	-5.58	-11.25	62.81	31.17
2	55	159	-10.58	-10.25	108.48	112.01
3	57	161	-8.58	-8.25	70.81	73.67
4	59	163	-6.58	-6.25	41.15	43.34
5	61	164	-4.58	-5.25	24.06	21.01
6	63	165	-2.58	-4.25	10.98	6.67

7	72	169	6.42	-0.25	-1.60	41.17
8	66	170	0.42	0.75	0.31	0.17
9	68	176	2.42	6.75	16.31	5.84
10	75	182	9.42	12.75	120.06	88.67
11	78	182	12.42	12.75	158.31	154.17
12	73	182	7.42	12.75	94.56	55.01
合计	787	2, 031	0.00	0.00	706.25	632.92
均值	65.58	169.25				

[资料 10-1] 各企业研发费和营业收入的均值和偏差

$$斜率 \quad \beta_2 = \frac{\Sigma(X_i - \overline{X})(Y_i - \overline{Y})}{\Sigma(X_i - \overline{X})^2} = \frac{706.25}{632.92} = 1.1159$$

$$截距 \quad \beta_1 = \overline{Y} - \beta_2 \overline{X} = 169.25 - (1.1159 \times 65.58) = 96.067$$

因此，研发费和营业收入间的回归式子可以推断为 $\widehat{Y} = 96.067 + 1.115X_i$。

3) 回归模型的拟合度

它指的是整体偏差($Y_i - \overline{Y}$)中回归线可以解释的部分($\widehat{Y}_i - \overline{Y}$)。详细地来说，在回归模型里面，通过因变量的均值($\overline{Y}$)推断观测值(Y_i)的话，会发生偏差。再接着把偏差($Y_i - \overline{Y}$)细分的话，可以分为通过回归模型可以解释的偏差($\widehat{Y}_i - \overline{Y}$)和通过回归模型不能解释的偏差，即残差($Y_i - \widehat{Y}_i$)。

像这样的偏差根据它在回归模型上面还是下面，那么它可是正数也可是负数。对于所有的观测值，把这些偏差简单地所有都加起来的话，因它们会互相抵消，所以不能准确地表现出总偏差的大小。所以，回归模型的拟合度是把所有的偏差全部二次方，按如下公式来计算即可求出。

$$\begin{array}{ccccc} \Sigma(Y_i - \overline{Y})^2 & = & \Sigma(Y_i - \widehat{Y})^2 & + & \Sigma(\widehat{Y}_i - \overline{Y})^2 \\ SST & = & SSE & + & SSR \end{array}$$

首先，左边的是总平方和(SST: Sum of Squared Total)，右边的是由回归线解释不了的平方和(SSE: Sum of Squared Error)和回归线解释得了(SSR: Sum of Squared Regression)的平方和组成。因此，回归模型的拟合度可用如下公式来表示。

$$R^2 = \frac{SSR}{SST} = 1 - \frac{SSE}{SST}$$

例题 10-2 我们来求一下企业的研发费和营业收入的回归模型的拟合度。

区分	研发费(X)	营业收入(Y)	$\hat{Y}$	$Y_i-\hat{Y}$	$(Y_i-\hat{Y})^2$	$(Y_i-\overline{Y})^2$
1	60	158	163.02	-5.02	25.20	126.56
2	55	159	157.44	1.56	2.43	105.06
3	57	161	159.67	1.33	1.76	68.06
4	59	163	161.90	1.10	1.20	39.06
5	61	164	164.14	-0.14	0.02	27.56
6	63	165	166.37	-1.37	1.87	18.06
7	72	169	176.41	-7.41	54.91	0.06
8	66	170	169.72	0.28	0.08	0.56
9	68	176	171.95	4.05	16.43	45.56
10	75	182	179.76	2.24	5.03	162.56
11	78	182	183.11	-1.11	1.22	162.56
12	73	182	177.53	4.47	20.01	162.56
合计	787	2, 031			130.17	918.25

[资料 10-2] 对于研发费和营业收入的回归模型的偏差

根据回归模型的拟合度导出公式，可以计算出$R^2=\frac{SSR}{SST}=1-\frac{130.17}{918.25}=0.858$。因此，我们可以知道回归模型的拟合度是85.8%。

4) 回归系数的显著性检验

为了检验回归系数的显著性，要检验自变量X的回归系数是不是0。为此，可设定以下假设。

$$H_0:\beta_1=0,\qquad H_1:\beta_1\neq 0$$

假如H_0被采纳的话，线性关系不成立，H_1被采纳的话，线性关系成立，$\hat{\beta}_1$会是呈显著性的值。这样的判断，可以通过t值来得出。

$$t=\frac{\hat{\beta}_1}{S_{\hat{\alpha}}}\quad \hat{\beta}_1\text{: 回归系数}\quad S_{\hat{\alpha}}\text{: }\hat{\beta}_1\text{的标准误差}$$

到此解释的一元回归分析，可以通过以下SAS程序来进行分析。

程序

```
① proc reg ② data=a1; model sale=rd; run;
```

① proc reg是执行回归分析的程序。

② 对数据a1中的自变量rd和因变量sale进行一元回归分析。

执行结果

```
                    The REG Procedure
                      Model: MODEL1
               Dependent Variable: sale sale

            Number of Observations Read          12
            Number of Observations Used          12

                    Analysis of Variance

                                 Sum of         Mean
Source                ①DF    ②Squares       Square    F Value    Pr > F

Model                   1    788.08015    788.08015      60.54    <.0001
Error                  10    130.16985     13.01698
Corrected Total        11    918.25000

        Root MSE              3.60791   ③R-Square    0.8582
        Dependent Mean      169.25000    Adj R-Sq    0.8441
        Coeff Var             2.13170

                    Parameter Estimates

                               ④ Parameter    Standard
Variable    Label        DF      Estimate       Error  ⑤t Value   Pr > |t|

Intercept   Intercept     1      96.06781     9.46285     10.15     <.0001
rd          rd            1       1.11587     0.14341      7.78     <.0001
```

① DF(Degree of Freedom)：自由度，1是自变量的个数，10是error项的自由度，即总资料数目12减去推断的系数的数目2得出的数值。还有数字11是资料的自由度，总资料数目12减去自变量的数目1得出的数值。

② 平方和(Sum of Square)：因变量的平方和(SST，918.25)是根据模型能解释的部分(SSR，788.08)和不能解释的部分(SSE，130.16)组成。

③ 回归模型的拟合度，即$R^2 = \frac{SSR}{SST} = \frac{788.080}{918.250} = 0.858$。

④ 回归系数，通过此可以推断出回归模型 $Y_i = 96.067 + 1.115X_i$。

⑤ 为检验回归系数的显著性的t值，截距的t值是10.15(96.067/9.462)，rd的t值是 7.78(1.115/0.143)。

第2节 多元回归分析

在一元回归模型里如果自变量是2个以上的回归式即称为多元回归模型。含有两个自变量的多元回归模型式如下所示。

$$Y_i = \beta_0 + \beta_1 X_{1i} + \beta_2 X_{2i} + \varepsilon_i$$

在这个模型里面，β_1是自变量X_2值固定不变的时候，X_1值增加或减少一个单位，对因变量的影响是多少。同样的方法，β_2是X_1值固定不变的时候，X_2对因变量的影响程度。

区分	1	2	3	4	5	6	7	8	9	10
营业收入	690	760	850	900	970	690	890	970	800	910
研发费	29	34	32	35	40	33	39	35	33	37
广告宣传费	9	12	15	19	17	10	18	10	13	19

区分	11	12	13	14	15	16	17	18	19	20
营业收入	920	890	760	890	970	850	970	730	730	920
研发费	39	35	36	35	38	35	41	33	34	29
广告宣传费	16	12	9	15	16	14	21	11	9	20

[资料 10-3] 企业的营业收入，研发费，广告宣传费

程序

```
proc reg data=a1; model sale=rd ad; run;
```

通过proc reg程序，来执行对于sale = rd ad的回归分析。

执行结果

```
                        The REG Procedure
                          Model: MODEL1
                  Dependent Variable: sale sale

             Number of Observations Read          20
             Number of Observations Used          20

                       Analysis of Variance

                              Sum of          Mean
Source              DF       Squares        Square  ① F Value    Pr > F

Model                2        110956         55478      14.32    0.0002
Error               17         65864    3874.37043
Corrected Total     19        176820

         Root MSE             62.24444    R-Square     0.6275
         Dependent Mean      853.00000  ② Adj R-Sq     0.5837
         Coeff Var             7.29712
```

Parameter Estimates

Variable	Label	DF	Parameter Estimate	Standard Error	t Value	Pr > |t|
Intercept	Intercept	1	293.21144	155.30657	1.89	0.0762
rd	rd	1	10.16823	4.86181	2.09	0.0518
ad	ad	1	14.23745	4.02967	3.53	0.0026

① F-检验是对回归模型的总体回归关系的显著性进行的检验，它是检验全部回归系数是不是0的方法。F-检验的假设如下。

$$H_0: \beta_1 = \beta_2 = \beta_3 \cdots = 0, \qquad H_1: \beta_1, \beta_2, \beta_3, \cdots \text{ 里面有一个不是0。}$$

如果H_0被采纳的话，就意味着回归系数全部是0，也就是说现在的回归模型用来说明因变量是不恰当的。因此，通过F值判断其显著性进而来驳回假设或者采纳假设。在这里，F = 14.32 (55478/3874.37)，说明此回归模型式恰当。

② R^2随着自变量数目的增多而增大，还有即使对解释因变量完全没有贡献也不减少。为了改进R^2这样的缺点，找出的修正后的拟合度($Adjusted\ R^2$)，通过如下公式可求得。

$$Adj-R^2 = 1 - \frac{SSE/(n-p-1)}{SST/(n-1)} = \frac{65864/(20-2-1)}{176820/(20-1)} = 0.5837$$

p = 推断的系数的数，n = 总资料的数

第3节 哑变量(Dummy Variable)

在回归分析里面，因变量不仅受被数量化的变量(例如：股价，每股净利润等)，也受质变量(例如：性别，审计意见，管理层变更等)的影响。比如，若要想考察一下不同学历的人的月薪是否存在差别，像学历这样的变量要包含在自变量里。这里的学历变量因为是高中毕业或者大学毕业这样的表示属性的存在与否，把属性数量化之后变为0或者1的加工变量。即，设定是大学毕业的话“1”，不是的话“0”这样的变量。

假定“职工的薪金水平(W)根据学历不同存在差别。”这时，把学历水平(D=大学毕业的话 1，不是的话 0)这样的质变量数量化，设定回归模型的自变量，可用下面式子来表示。

$$W_i = \alpha + \beta D_i + \varepsilon_i$$

上面式子是假定全部满足回归分析的基本假设，可由以下两个式子再构成。

D_i=0的情况 $W_i = \alpha + \varepsilon_i$ D_i=1的情况 $W_i = \alpha + \beta + \varepsilon_i$

$$\therefore E[W_i|D_i = 0] = \alpha \qquad \therefore E[W_i|D_i = 1] = \alpha + \beta$$

对于上述式子，首先截距α是高中毕业者的平均薪金水平，$\alpha + \beta$是大学毕业者的平均薪金水平。还有可变量(D_i)的斜边系数(β_i)则是两个样本组之间的薪金差别$(\alpha + \beta) - \alpha = \beta$。因此，可变量$\beta_i$是正(+)值的话，就意味着大学毕业的学历持有者的平均薪金水平要高于不是大学毕业者的情况。

例题 10-3 A企业的不同学历(X)的薪金水平Y(X=大学毕业的话 1，高中毕业的话 0)资料如下。我们来检验一下不同学历水平的薪金水平是否存在差别。

X	0	0	0	0	0	0	0	0	0	0
Y	200	250	300	320	420	600	650	400	370	800

X	1	1	1	1	1	1	1	1	1	1
Y	300	375	450	480	630	900	975	600	555	1200

检验的回归模型如下所示。

$$Y_i = \beta_1 + \beta_2 X_i + \varepsilon_i$$

上面模型预测的薪金水平的变化如下。

$$E[Y_i] = \beta_1 : X_i = 0 \text{ (高中毕业者的平均薪金)}$$
$$\beta_1 + \beta_2 : X_i = 1 \text{ (大学毕业者的平均薪金)}$$

程序

```
proc reg data=a1; model y=x; run;
```

使用proc reg程序，执行 y=x的回归分析。

执行结果

```
                          The REG Procedure
                            Model: MODEL1
                      Dependent Variable: y y

              Number of Observations Read          20
              Number of Observations Used          20

                        Analysis of Variance

                                     Sum of          Mean
Source                   DF         Squares        Square    F Value    Pr > F

Model                     1          232201        232201       3.86    0.0650
Error                    18         1082543         60141
Corrected Total          19         1314744

              Root MSE            245.23713    R-Square     0.1766
              Dependent Mean      538.75000    Adj R-Sq     0.1309
              Coeff Var            45.51965

                        Parameter Estimates

                                   Parameter       Standard
Variable     Label        DF        Estimate          Error    t Value    Pr > |t|

Intercept    Intercept     1       431.00000       77.55079       5.56      <.0001
x            x             1       215.50000      109.67338       1.96      0.0650
```

分析结果显示，回归系数x的t值是1.96显著的正(+)的值，意味着不同学历水平的薪金水平存在差别。这里的截距是高中毕业职工的平均薪金，截距(431.0)和x的回归系数(215.5)的和(646.5)表示的是大学毕业的职工的平均薪金。即，大学毕业者的薪金水平比高中毕业者平均薪金高出215.5万韩元。

在前面给大学毕业者赋予1，高中毕业者赋予0这样的哑变量。与之相反，也可以给高中毕业者赋予1，大学毕业者赋予0。这样的情况，大学毕业者薪金比高中毕业者高，可以预测x的回归系数是负(−)值。

执行结果

```
                          The REG Procedure
                            Model: MODEL1
                      Dependent Variable: y y

              Number of Observations Read          20
              Number of Observations Used          20

                        Analysis of Variance

                                     Sum of          Mean
Source                   DF         Squares        Square    F Value    Pr > F

Model                     1          232201        232201       3.86    0.0650
Error                    18         1082543         60141
Corrected Total          19         1314744

              Root MSE            245.23713    R-Square     0.1766
              Dependent Mean      538.75000    Adj R-Sq     0.1309
              Coeff Var            45.51965

                        Parameter Estimates

                                   Parameter       Standard
Variable     Label        DF        Estimate          Error    t Value    Pr > |t|

Intercept    Intercept     1       646.50000       77.55079       8.34      <.0001
x            x             1      -215.50000      109.67338      -1.96      0.0650
```

分析结果与前面的结果相反，x的回归系数显示负(-)值。即，可得知高中毕业者的薪金比大学毕业者的少215.5万韩元。另外，截距是大学毕业者的平均薪金，截距和x的回归系数的和表示的是高中毕业者的平均薪金。

以下是对各企业的营业收入和广告宣传费调查的结果，设定了使用报纸广告的情况是0，使用 TV广告的情况是1这样的哑变量。

区分	1	2	3	4	5	6	7	8	9	10
营业收入	690	760	850	900	970	690	890	970	800	910
广告宣传费	9	12	15	19	17	10	18	10	13	19
哑变量	0	1	0	1	1	0	0	1	0	1

区分	11	12	13	14	15	16	17	18	19	20
营业收入	920	890	760	890	970	850	970	730	730	920
广告宣传费	16	12	9	15	16	14	21	11	9	20
哑变量	0	1	0	1	1	0	1	0	0	1

[资料 10-4] 企业的营业收入，广告宣传费以及广告媒体现状

我们使用哑变量，来检验一下报纸广告和TV广告中哪个媒体对营业收入有更大的影响。

程序

```
proc reg data=a1; model sale=ad z; run;
```

在回归分析里包含代表广告媒体的哑变量z，根据广告媒体的不同，分析广告宣传费对营业收入的影响。

执行结果

```
                         The REG Procedure
                           Model: MODEL1
                   Dependent Variable: sale sale

              Number of Observations Read          20
              Number of Observations Used          20

                        Analysis of Variance

                                  Sum of          Mean
Source                  DF       Squares        Square    F Value    Pr > F

Model                    2        115795         57897      16.13    0.0001
Error                   17         61025    3589.71332
Corrected Total         19        176820

            Root MSE             59.91422    R-Square     0.6549
            Dependent Mean      853.00000    Adj R-Sq     0.6143
            Coeff Var             7.02394

                        Parameter Estimates

                                Parameter       Standard
Variable     Label        DF     Estimate          Error    t Value    Pr > |t|

Intercept    Intercept     1    628.03329       52.99844      11.85      <.0001
ad           ad            1     13.14248        3.99162       3.29      0.0043
z            z             1     75.37284       30.59519       2.46      0.0247
```

分析结果, Z的回归系数是75.373, 统计上是显著的值(t=2.46)。因此, 使用TV广告的公司的营业收入比使用报纸广告的公司高75.373。这样的结果用线性回归线来表示的话, 如下所示。

使用TV广告的公司的回归式　SALE = 628.033 + 13.142×AD + 75.373×Z
使用报纸广告的公司的回归式　SALE = 628.033 + 13.142×AD

在这里, 两个回归式子的截距差异就是哑变量Z值75.373。

高中毕业和大学毕业, 为了区分这两个范畴出现的哑变量。即, "X是大学毕业的话1, 高中毕业的话是0"像这样的, 为了区分两个范畴需要一个哑变量。我们假定有以下式子。

$$Y_i = a_1 + a_2 D_{2i} + a_3 D_{3i} + \beta X_i + e$$

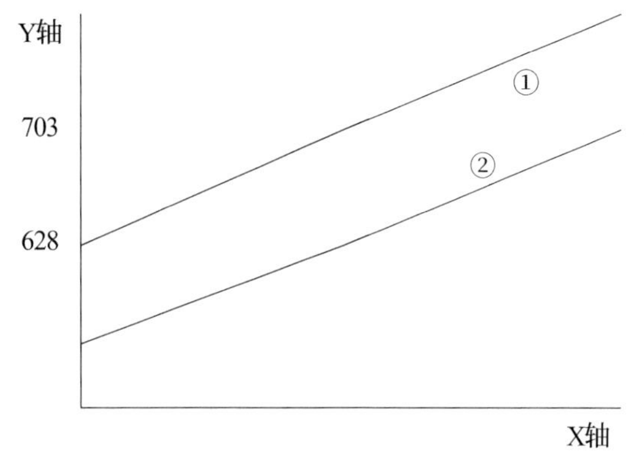

[图 10-2] 哑变量和截距的差异

因变量Y是月薪, D2i和D3i分别是大学毕业的话1, 不是大学毕业的话0, 还有高中毕业的话1, 不是高中毕业的话0这样的哑变量。这样的式子可以推断吗?

答案不可推断, 理由是D2i和D3i显示完全相关关系。即, 根据D2i = 1-D3i, D3i = 1-D2i, 这两个变量之间发生完全多重共线性, 回归分析的推断不可能实现。

因此, 为了解决这个问题, 对具有两个范畴的质变量, 要使用只有一个的哑变量。即, 质变量的范畴是m个的话, 要包含的哑变量是 m-1个。比如, 要把从2010年度开始到2015年度这6个年度的年度哑变量包含在回归模型的情况, 要在回归模型里包含只要5个年度的年度哑变量。这时, 6个年度全部包含在内来执行回归分析的话是无法执行的。

第4节 交互项变量

通过哑变量，可以得到斜边相同但截距互不相同的回归式。这里更进一步地可以设定不仅截距，而且斜边也不同的其他模型，这样的模型称为交互项模型。

交互项效果指的是两个以上的变量结合后发生相乘或者抵消效果。比如，我们假定广告宣传费和广告媒体间的交互项效果存在。检验广告宣传费高，使用TV广告的企业比不是这样的企业来说，对营业收入是否有更多的影响这样的情况。这样的交互项效果可以设定如下。

$$Y_i = \beta_0 + \beta_1 X_{1i} + \beta_2 X_{2i} + \beta_3 X_1 X_2 + \varepsilon_i$$
$$X_2 = 0\text{的情况}\ :\ E[Y] = \beta_0 + \beta_1 X_1$$
$$X_2 = 1\text{的情况}\ :\ E[Y] = (\beta_0 + \beta_2) + (\beta_1 + \beta_3) X_1$$

像这样的根据哑变量的值不同，回归式子里面的不仅截距(β_0, $\beta_0 + \beta_2$) 还有斜边 (β_1, $\beta_1 + \beta_3$)也可以是不同的。这里的$\beta_3 X_1 X_2$因无法直接输入，所以为了线性化把$X_1 X_2$称为X_3，可使用下面的式子来进行分析。

$$Y_i = \beta_1 + \beta_1 X_{1i} + \beta_2 X_{2i} + \beta_3 X_3 + \varepsilon_i$$

前面例题的广告宣传费和广告媒体设定为交互项变量，我们来分析它对营业收入的影响。

程序

```
① data a2; set a1; adz=ad*z; run;
② proc reg data=a2; model sale=ad z adz; run;
```

① 把广告宣传费和广告媒体哑变量相乘后的adz设定为交互项变量。

② 使用包含adz在内的数据a2来执行回归分析。

```
                        The REG Procedure
                          Model: MODEL1
                  Dependent Variable: sale sale

              Number of Observations Read          20
              Number of Observations Used          20

                       Analysis of Variance

                                 Sum of          Mean
Source                 DF       Squares        Square    F Value    Pr > F

Model                   3        133532         44511      16.45    <.0001
Error                  16         43288    2705.50546
Corrected Total        19        176820

         Root MSE             52.01447    R-Square     0.7552
         Dependent Mean      853.00000    Adj R-Sq     0.7093
         Coeff Var             6.09783

                       Parameter Estimates

                                Parameter      Standard
Variable     Label       DF      Estimate         Error    t Value    Pr > |t|

Intercept    Intercept    1     500.80913      67.71918       7.40      <.0001
ad           ad           1      23.40249       5.29768       4.42      0.0004
z            z            1     326.13424     101.47435       3.21      0.0054
adz                       1     -17.93313       7.00390      -2.56      0.0210
```

分析结果，Z的回归系数为326.134(t= 3.21)，是显著的正(+)值，显示使用TV广告的企业的营业收入比使用报纸广告的企业的营业收入要高。但adz的回归系数是 −17.933(t= −2.56)显著的负(−)值，这说明使用TV广告的广告支出多的企业反而比不是这样的企业营业收入要低。

第5节 Chow检验

哑变量的说明里面假定了质变量只对截距产生影响，对斜边系数不产生影响。但是根据质变量不同斜边相异的话，对于截距差异的检验就将变得无意义。像这样的对于两个回归模型之间的截距或者斜边有无差异，还是两个是否都有差异的检验方法之一就是 Chow检验。

例题 10-4 以下是使用 Chow检验对A企业的工作年数(Z)和薪金(Y)的关系是否根据职工的学历水平(A=大学毕业是1，高中毕业是0)不同有所差别。

X	0	0	0	0	0	0	0	0	0	0
Z	3	7	9	12	15	14	17	20	25	30
Y	220	260	310	335	375	380	390	430	485	570

X	1	1	1	1	1	1	1	1	1	1
Z	1	5	7	10	13	12	15	18	23	28
Y	280	370	410	470	520	495	560	620	715	820

高中毕业者和大学毕业者的薪金定义如下。

高中毕业者的薪金： $Y_i = a_1 + a_2 Z_i + e$ **大学毕业者的薪金:** $Y_i = \beta_1 + \beta_2 Z_i + e$

Chow检验 第1阶段

把高中毕业和大学毕业全部合起来，进行单一的“集体”回归。

$$Y_i = a_1 + \beta_2 Z_i + e$$

从此回归式求出残差平方和(RSS)，这时把残差平方和定义为S1。

Chow检验 第2阶段

在这个阶段分别各自对高中毕业者的薪金和大学毕业者的薪金进行回归分析，求出各自的残差平方和S2和S3。然后把这两个相加起来就可求出两个回归式的残差平方和的总和S4(S2+S3)。

Chow检验 第3阶段

第1阶段求出的S1基础上减去第2阶段里求出的S4得到S5，通过此值在Chow检验的假定下来测定F值。

$$F = \frac{S_5/k}{S_4/(n_1 + n_2 - 2k)}$$

k = 推测的总体数(这里是2)，n1 = 高中毕业者月薪的观测值数，n2 = 大学毕业者月薪的观测值数

如果根据以上式子计算出的F值的显著水平高于临界值的话，那么两个回归式是一样的假设就被驳回了。在各个阶段求得的残差平方和如下所示。

S1=180，783，S2=1，059.405，S3=231.046，S4=1，290，S5=179，493

$$F = \frac{179{,}493/2}{179{,}493/(10+10-4)} = \frac{89{,}746}{11{,}218} = 8.00$$

F值大于临界值的话，工作年数和薪金的关系里面，高中毕业者和大学毕业者的回归式是不一样的。

像这样的多阶段Chow检验程序是可以使用哑变量进行简单分析的。对于前面的例题可以通过下面回归式子来进行推断。

$$Y_i = a_1 + \alpha_2 Z_i + \alpha_3 X_i + \alpha_4 (Z_i \times X_i) + e$$

在这里, X = 大学毕业者的话是1, 高中毕业者的话是0, Z =工作年数, Y = 月薪, 属于高中毕业的职工薪金用 $Y_i = \alpha_1 + \alpha_2 Z_i$ 来表示, 属于大学毕业的职工薪金用 $Y_i = (\alpha_1 + \alpha_3) + (\alpha_2 + \alpha_4) Z_i$ 来表示。

在以上式子里 α_3 表示的是截距的差距, α_4 代表的是斜边的差距。

分析结果如下, 截距(185.024)和斜边(7.108)的差距变量全部都是显著性的值, 也就是说我们可知道根据学历水平的不同, 回归式是不同的。

执行结果

```
                                The REG Procedure
                                  Model: MODEL1
                             Dependent Variable: y y

                     Number of Observations Read          20
                     Number of Observations Used          20

                              Analysis of Variance

                                     Sum of           Mean
 Source                   DF        Squares         Square    F Value    Pr > F

 Model                     3         443023         147674    1830.95    <.0001
 Error                    16     1290.47070       80.65442
 Corrected Total          19         444314

              Root MSE              8.98078    R-Square     0.9971
              Dependent Mean      450.75000    Adj R-Sq     0.9966
              Coeff Var             1.99241

                              Parameter Estimates

                                  Parameter       Standard
Variable     Label        DF      Estimate          Error    t Value    Pr > |t|

Intercept    Intercept     1     185.02469        6.22369      29.73      <.0001
x            x             1      81.73305        8.36235       9.77      <.0001
z            z             1      12.53127        0.36434      34.39      <.0001
zx                         1       7.10829        0.51525      13.80      <.0001
```

通过以上结果, 高中毕业者的薪金可以用 Y = 185.024 + 12.531×Z来表示, 大学毕业者的薪金可以用 Y = (185.024+ 81.733) + (12.531+7.108)×Z来表示。

像这样与Chow检验相比的话, 哑变量检验具备以下优点。

① 通过一个的推测回归式可以检验截距和斜边的差距。

② 可以用单一的回归式来检验多种多样的假设。即, Chow检验不能知道两个时间期间哪个系数不同, 但是使用哑变量的情况, 是可以检验截距是否有显著性差异, 斜边的系数的差异是否显著。

第6节 两回归系数的差异检验

以下是通过资料对广告宣传费(AD)和研发费(RD)对营业收入(SALE)产生的影响进行回归分析的结果。

执行结果

The REG Procedure
Model: MODEL1
Dependent Variable: sale sale

Number of Observations Read 20
Number of Observations Used 20

Analysis of Variance

Source	DF	Sum of Squares	Mean Square	F Value	Pr > F
Model	2	110956	55478	14.32	0.0002
Error	17	65864	3874.37043		
Corrected Total	19	176820			

Root MSE	62.24444	R-Square	0.6275
Dependent Mean	853.00000	Adj R-Sq	0.5837
Coeff Var	7.29712		

Parameter Estimates

Variable	Label	DF	Parameter Estimate	Standard Error	t Value	Pr > |t|
Intercept	Intercept	1	293.21144	155.30657	1.89	0.0762
rd	rd	1	10.16823	4.86181	2.09	0.0518
ad	ad	1	14.23745	4.02967	3.53	0.0026

分析结果是，研发费和广告宣传费全部是显著的正(+)的回归系数。那样的话，这两个回归系数中，能说哪个值更大？即使回归系数看起来很大，也有可能差异不显著。为了检验此，设定以下假设。

$$H_0:\beta_2=\beta_3 \text{ or } H_1:\beta_2\neq\beta_3$$

这样的假设检验属于F检验，一般的假设如下。比如说，假定存在不受约束模型(全部包含广告宣传费和研发费)和受约束模型(只包含广告宣传费)。不受约束模型和受约束模型里面可以得出各自的决定系数R^2_{UR}和R^2_R，通过此，为检验两个回归系数的差异的F值可定义如下。

$$F=\frac{(R^2_{UR}-R^2_R)/m}{(1-R^2_{UR})/(n-k)}$$

m：受约束模型的自变量个数，k：不受约束模型的自变量个数

通过上面的式子计算出的F值可以用来判断两个回归系数的差异在统计上是否显著。

对于假设 $H_1:\beta_2\neq\beta_3$ ，可再用 $H_0:\beta_2-\beta_3\neq 0$ 来定义。SAS程序里，在proc reg后面追加

"test 变量-变量=0"可以用来检验两个回归系数的差异。

程序

```
proc reg data=a1; model sale=rd ad; test rd-ad=0; run;
```

使用test程序, 检验ad和 rd的回归系数是否一样。

执行结果

```
                    The REG Procedure
                      Model: MODEL1

          Test 1 Results for Dependent Variable SALE

                                    Mean
Source              DF            Square    F Value    Pr > F

Numerator            1        1128.39958       0.29    0.5964
Denominator         17        3874.37043
```

分析结果显示, F值是0.29, 显著水平是0.5964, ad和rd的回归系数不存在显著性的差异。即, F检验是在显示互不相同的值的时候, 检验它们在统计学上是否显著。

第7节 标准化回归系数

在多重回归分析中, 推测的回归系数与自变量和因变量间的测定单位有着密切的关联性。比如说, 即使是同样的研发费, 根据测定的单位(每股研发费, 研发费占营业收入的比重等等)的不同, 回归系数的值会有很大的不同。如果, 自变量的测定单位变高的话, 相对来说, 回归系数的值会低。像这样, 回归系数是根据测定单位的不同, 它的值会发生变化。所以, 各个变量之间的相对的影响力的差异是无法比较的。

标准化回归系数是以因变量和自变量的均值全都是0, 标准差是1的变量来标准化时的回归系数。这样的标准化回归系数与自变量的测定单位无关, 可以用来观察自变量的相对的影响力。

因此, 标准化系数和一般性的回归系数不同, 具备以下两类大的特征。

① 一般回归系数是意味着斜边的含义, 也就是自变量增加一个单位的时候, 因变量的变化量。但是, 标准化回归系数是被解释为自变量增加1个标准差的时候, 因变量的标准差的变化量。

② 一般回归分析里面, 各个自变量的回归系数对因变量的影响力的大小相对来说不能比较。但是标准化回归系数能提供可比较相对的影响力的信息。

使用以下的资料，针对广告宣传费和研发费占营业收入的比重(研发费/营业收入)对营业收入的影响，进行回归分析的话，结果如下。

区分	1	2	3	4	5	6	7	8	9	10
SALE	690	760	850	900	970	690	890	970	800	910
AD	29	34	32	35	40	33	39	35	33	37
RD/SALE	0.013	0.016	0.018	0.021	0.018	0.014	0.020	0.010	0.016	0.021

区分	11	12	13	14	15	16	17	18	19	20
SALE	920	890	760	890	970	850	970	730	730	920
AD	39	35	36	35	38	35	41	33	34	29
RD/SALE	0.017	0.013	0.012	0.017	0.016	0.016	0.022	0.015	0.012	0.022

程序

```
proc reg data=a1; model sale=ad rdsale; run;
```

执行结果

```
                              The REG Procedure
                                Model: MODEL1
                       Dependent Variable: sale sale

                 Number of Observations Read          20
                 Number of Observations Used          20

                             Analysis of Variance

                                    Sum of           Mean
Source                   DF        Squares         Square    F Value    Pr > F

Model                     2          82622          41311       7.46    0.0047
Error                    17          94198     5541.07410
Corrected Total          19         176820

             Root MSE             74.43839    R-Square     0.4673
             Dependent Mean      853.00000    Adj R-Sq     0.4046
             Coeff Var             8.72666

                             Parameter Estimates

                                Parameter       Standard
Variable     Label        DF     Estimate          Error    t Value    Pr > |t|

Intercept    Intercept     1    168.12884      187.98105       0.89      0.3836
ad           ad            1     14.80811        5.44356       2.72      0.0145
rdsale       rdsale        1   9988.46374     5253.51505       1.90      0.0744
```

分析结果显示，ad的回归系数是14.808，显示是两位数的回归系数，但是rdsale是9988.463，显示的四位数字的回归系数。像前面说明的一样，是因为ad(金额)和rdsale(比率)的测定单位不同。即，测定单位越小，得出越高的回归系数的值。像这样的，因为变量的测定差异导致发生的回归系数的差异可以通过标准化的回归系数来改进。

在SAS里面，回归模型的选项使用stb程序可以同时输出标准化回归系数。

程序

```
proc reg data=a1; model sale=ad rdsale/stb; run;
```

在proc reg程序后面追加stb选项， 可求出自变量的标准化回归系数。

分析结果，ad和dsale的标准化回归系数分别是0.500， 0.350。即，通过标准化回归系数，可以看出广告宣传费比研发费占营业收入的比重对营业收入的影响要更高些。

执行结果

```
                         The REG Procedure
                           Model: MODEL1
                  Dependent Variable: sale sale

              Number of Observations Read          20
              Number of Observations Used          20

                        Analysis of Variance

                                  Sum of          Mean
Source                  DF       Squares        Square    F Value    Pr > F

Model                    2         82622         41311       7.46    0.0047
Error                   17         94198    5541.07410
Corrected Total         19        176820

           Root MSE             74.43839    R-Square     0.4673
           Dependent Mean      853.00000    Adj R-Sq     0.4046
           Coeff Var             8.72666

                        Parameter Estimates

                               Parameter      Standard                             Standardized
Variable    Label        DF     Estimate         Error    t Value    Pr > |t|          Estimate

Intercept   Intercept     1    168.12884     187.98105       0.89      0.3836                 0
ad          ad            1     14.80811       5.44356       2.72      0.0145           0.50026
rdsale      rdsale        1   9988.46374    5253.51505       1.90      0.0744           0.34964
```

另外，一般回归系数的结果，广告宣传费每1元的增加，显示营业收入增加14.8元，研发费占营业收入的比重每增加1%， 营业收入显示增加9988.5元。相反地， 标准化回归系数的结果是广告宣传费增加1标准差的话， 营业收入增加0.500标准差， 研发费占营业收入的比重增加1标准差的话，营业收入增加0.350标准差，由此可判断出，相对来说，广告费对营业收入的影响要更大。

第8节 多重共线性（Multicollinearity）

多重共线性指的是自变量之间存在线性关系的情况其中一个自变量的推断系数对其他自变量的推断系数具有相当大的影响。这样的多重线性的情况，受到其他自变量影响的自变量在回归模型里面提供不了独立的信息这样的结果。

多重共线性具有以下的特征。

① 自变量间的相关系数非常高时

② 其中一个自变量从模型里添加/去除时能引起推断的回归系数的大小或符号有大的变化时

③ 预想影响力会很高的自变量的检验结果不显著时

④ 表示模型的置信度的F值显著，但是检验统计量t值无意义时

1) 方差膨胀系数(VIF, Variance Inflation Factors)

这是确定多重共线性时有用的变量，被称为'方差扩大因子'或者'方差膨胀系数'。计算方法首先是，把第 i个变量的方差膨胀指数定义为$1/(1-R_i^2)$，在这里R_i^2是第i个自变量与其他自变量之间的判定系数。即，方差膨胀系数是容忍度$(1-R_i^2)$的倒数。

在这个模型里面的R_i^2值在0到1之间，所以VIF的取值大于1。因此，决定系数R_i^2越接近0，意味着输入变量i与其他输入变量几乎没有相关性，R_i^2越接近1，意味着输入变量i与其他输入变量有相关性，即多重共线性越大。也就是说，VIF值越接近1，多重共线性的程度越轻，相反地，值越大，意味着多重共线性越严重。一般来说，VIF值大于10的情况，可以判断相关的变量存在多重共线性问题。

例题 10-5 以下是关于不同日照日数，降雨量，和日照时间下的收获量现状的资料。我们来对日照日数和降雨量，日照时间对收获量的影响进行回归分析，确认变量之前是否有多重共线性问题。

收获量 (Y)	51	63	76	88	48	60	74	83	28	48	65	73
日照日数 (X1)	11	12	13	14	11	12	13	14	11	12	13	14
降雨量 (X2)	10	10	10	10	20	20	20	20	30	30	30	30
日照时间 (X3)	5	6	7	8	4	6	7	8	2	5	6	7

程序

```
proc reg data=a1; model y=x1 x2 x3/vif; run;
```

在proc reg程序里追加vif选项，求得方差膨胀指数。

※ 通过collin选项的Eigenvalue(0.01以下)和 Condition Number(30以上)也可以来确认多重共线性的程度。

执行结果

```
                          The REG Procedure
                            Model: MODEL1
                       Dependent Variable: y

              Number of Observations Read          12
              Number of Observations Used          12

                         Analysis of Variance

                                   Sum of          Mean
Source                  DF        Squares        Square    F Value    Pr > F

Model                    3     3199.40942    1066.46981     179.59    <.0001
Error                    8       47.50725       5.93841
Corrected Total         11     3246.91667

            Root MSE              2.43688    R-Square     0.9854
            Dependent Mean       63.08333    Adj R-Sq     0.9799
            Coeff Var             3.86296

                         Parameter Estimates                         ①
                  Parameter       Standard                          Variance
Variable   DF      Estimate          Error    t Value    Pr > |t|   Inflation

Intercept   1     -38.45290       14.71116      -2.61      0.0309           0
x1          1       6.24275        1.91533       3.26      0.0115     9.26630
x2          1      -0.40054        0.13533      -2.96      0.0182     2.46739
x3          1       5.32609        1.39156       3.83      0.0050    10.73370
```

分析结果，日照时间(x3)的VIF是10.7337，可以看出多重共线性问题很严重。像解决这样的多重共线性问题的方法可以考虑以下三种方法。

① 从回归模型里去除最大引起多重共线性的自变量。这个方法是通过变量选择来解决多重共线性的问题，重要的是回归模型里必须要包含进去的变量是不可以被去除的。

② 因存在资料的不足产生的情况，因此要经更广泛的自变量的领域进行追加资料收集。

③ 虽然可以使用岭回归(Ridge Regression)或者主成分回归分析(Principal Components Regression)等有偏估计法(Biased Estimation Method)，但是这些方法需要相当高的专业水平。

在这里的第一种方法，进行去除多重共线性最严重的自变量，分析结果如下所示。

执行结果

```
                              The REG Procedure
                                Model: MODEL1
                           Dependent Variable: Y Y

                    Number of Observations Read          12
                    Number of Observations Used          12

                             Analysis of Variance

                                     Sum of           Mean
       Source                DF     Squares         Square    F Value    Pr > F

       Model                  2  3112.41667     1556.20833     104.13    <.0001
       Error                  9   134.50000       14.94444
       Corrected Total       11  3246.91667

                 Root MSE              3.86580    R-Square     0.9586
                 Dependent Mean       63.08333    Adj R-Sq     0.9494
                 Coeff Var             6.12809

                             Parameter Estimates
                                                                              ①
                                   Parameter     Standard                        Variance
  Variable     Label        DF      Estimate        Error    t Value    Pr > |t|   Inflation

  Intercept    Intercept     1     -85.50000     12.82142      -6.67      <.0001           0
  X1           X1            1      13.16667      0.99815      13.19      <.0001     1.00000
  X2           X2            1      -0.80000      0.13668      -5.85      0.0002     1.00000
```

看分析结果的话，去除x3变量的结果，其他变量的VIF是1.00，能变得非常低。像这样，x3和x1的VIF高的理由，可以通过以下的相关分析得知。

程序

```
proc corr data=a1; var x1 x2 x3; run;
```

执行结果

```
                              The CORR Procedure

                    3  Variables:    X1         X2         X3

                              Simple Statistics

Variable        N        Mean     Std Dev         Sum      Minimum      Maximum    Label

X1             12    12.50000     1.16775   150.00000     11.00000     14.00000    X1
X2             12    20.00000     8.52803   240.00000     10.00000     30.00000    X2
X3             12     5.91667     1.72986    71.00000      2.00000      8.00000    X3

                    Pearson Correlation Coefficients, N = 12
                           Prob > |r| under H0: Rho=0

                             X1            X2            X3

                 X1     1.00000       0.00000       0.87757
                 X1                    1.0000        0.0002

                 X2     0.00000       1.00000      -0.36974
                 X2      1.0000                      0.2368

                 X3     0.87757      -0.36974       1.00000
                 X3      0.0002        0.2368
```

分析结果显示，x1和x3的相关关系是 0.877，非常高。因此，这两个变量都包含在回归分析的自变量的情况就使得发生多重共线性问题。

第9节 去除异常值

在样本分布里非正常地偏离的值能够歪曲资料的分析结果。即，异常值(outlier)是比起其他样本，极端大或者小的样本，包含这些值在内的资料的分析会因为异常值的原因导致分析结果的歪曲。因此，在多元回归分析里面事先去除这样的异常值是好的。

异常值去除的方法有考虑资料的最小值，最大值对被有怀疑是异常值的进行临时去除的方法和使用期初统计量根据准确的基准(例如：上下 1%)来进行去除的方法等。

例题 10-6 [资料10-4]是关于各企业的各年度股价(price)以及每股净利润(ne)，每股净资产(nbv_1)的资料。对Ohlson(1995)模型的回归分析按异常值去除前和去除后分别进行后，我们来比较一下各自的分析结果。

	A	B	C	D	E
1	yr	code	price	ne	nbv_1
2	2014	71930	506.	-194.545	265.9886
3	2014	59210	4,050.	-261.499	2452.879
4	2014	39020	4,950.	-604.111	6442.02
5	2014	36480	70,300.	5374.529	51883.5
6	2014	39230	1,265.	-73.8249	1118.364
7	2014	84110	61,200.	1545.285	10101.83
8	2014	44960	4,175.	92.25757	1562.689
9	2014	67080	12,300.	106.1679	3385.843
10	2014	92460	5,620.	489.5801	5824.346
11	2014	54950	64,500.	1487.691	14475.79
12	2014	54300	1,455.	-46.7298	313.54

[资料 10-4] 各企业的股价及每股资料

1) 异常值去除前回归分析

程序

```
① data a2; set a1;  if ne>0 then neg=0; else neg=ne;
② proc reg data=a2; model price=nbv_1 ne neg; run;
```

① 使用if语句，生成回归模型里所需的变量neg(负利润)。

② 通过使用proc reg程序，对 Ohlson(1995)模型进行回归分析。

执行结果

```
                    The REG Procedure
                     Model: MODEL1
           Dependent Variable: price price

        Number of Observations Read          2035
        Number of Observations Used          2035

                   Analysis of Variance

                              Sum of          Mean
Source              DF       Squares        Square    F Value    Pr > F

Model                3   3.503168E11   1.167723E11     316.34    <.0001
Error             2031   7.497219E11     369139302
Corrected Total   2034   1.100039E12

        Root MSE             19213    R-Square     0.3185
        Dependent Mean       11903    Adj R-Sq     0.3175
        Coeff Var        161.41833

                   Parameter Estimates

                              Parameter       Standard
Variable    Label        DF    Estimate          Error    t Value    Pr > |t|

Intercept   Intercept     1  5361.84174      507.39667      10.57      <.0001
nbv_1       nbv_1         1     0.48677        0.06146       7.92      <.0001
ne          ne            1     6.83584        0.44332      15.42      <.0001
neg                       1    -7.81876        0.78606      -9.95      <.0001
```

执行结果，总样本数是2，035个，所估计的回归的总显著性度量的F检验(F Value)是显著的316.34。表明模型修正后拟合度的AdjR-Sq是31.75%，回归模型的系数(t值)分别是0.4868(7.92)，6，8358(15.42)，−7.8188(−9.95)，都是具有显著性的p值。

2) 上·下 1%的基准去除异常值

异常值的基准按各变量的上·下1%的值，去除大于基准值或者小于基准值的值后，来进行回归分析。

程序

```
① proc sort data=a2; by yr; run;
   proc means data=a2 p1 p99; var ne nbv_1; output out=list1
   p1=nep1 nbv_1p1 p99=nep99 nbv_1p99; by yr; run;
② proc sort data=a2; by yr; run;  proc sort data=list1; by yr; run;
   data a3; merge a2 list1; by yr;
③ if ne<=nep1 then delete; if ne>=nep99 then delete;
   if nbv_1<=nbv_1p1 then delete; if nbv_1>=nbv_1p99 then delete; run;
④ proc reg data=a3; model price=nbv_1 ne neg; run;
```

① 对a2按年度的基准来排序后，使用proc means程序，对ne和nbv_1的1%和99%的值在list1里分别以nep1 nbv_1p1和 nep99 nbv_1p99来保存。

② 按年度基准对a2和 list1排序后，结合，保存在a3里。

③ 通过if语句，删除ne和nbv_1值中小于1% 或者大于99%的值。

④ 使用proc reg程序，对 Ohlson(1995)模型来进行回归分析。

执行结果

```
                         The REG Procedure
                           Model: MODEL1
                  Dependent Variable: price price

              Number of Observations Read          1961
              Number of Observations Used          1961

                        Analysis of Variance

                                   Sum of          Mean
Source                   DF       Squares        Square    F Value    Pr > F

Model                     3    1.57607E11   52535673844     341.57    <.0001
Error                  1957    3.009964E11    153804983
Corrected Total        1960    4.586034E11

             Root MSE              12402    R-Square     0.3437
             Dependent Mean        10505    Adj R-Sq     0.3427
             Coeff Var         118.05448

                        Parameter Estimates

                               Parameter     Standard
Variable     Label       DF     Estimate        Error    t Value    Pr > |t|

Intercept    Intercept    1   2843.10551    407.08496       6.98      <.0001
nbv_1        nbv_1        1      0.80669      0.06283      12.84      <.0001
ne           ne           1      9.27085      0.55428      16.73      <.0001
neg                       1     -9.06792      1.08617      -8.35      <.0001
```

分析结果，总样本数因为异常值去除的原因减少了74个的样本，是1，961个。总体回归的显著性检验的F值(F Value)和修正后拟合度(Adj R-Sq)分别是 341.57和 34.27%，比异常值去除前的回归结果分别增加了25.23和2.52%。另外，可知回归模型的系数(t值)是0.8067(12.84)，9.2709(16.73)，−9.0679(−8.35)，这比异常值去除前的系数值和t值都增加了。

3) 上·下 1%为基准来进行Winsorize去除异常值

异常值的基准以上·下限1%确定之后，对于超过基准的值全部以1%上·下限的值来定义的方法。这样的方法样本数不会减少，在去除异常值的时候是好的方法，但缺点就是对原有的数据进行了调整。

程序

```
  proc sort data=a2; by yr; run;
  proc means data=a2 p1 p99; var ne nbv_1; output out=list1
  p1=nep1 nbv_1p1 p99=nep99 nbv_1p99; by yr; run;
  proc sort data=a2; by yr; run; proc sort data=list1; by yr; run;
data a3; merge a2 list1; by yr;
① if ne<=nep1 then ne=nep1; if ne>=nep99 then ne=nep99;
   if nbv_1<=nbv_1p1 then nbv_1=nbv_1p1;
   if nbv_1>=nbv_1p99 then nbv_1=nbv_1p99; run;
   proc reg data=a3; model price=nbv_1 ne neg; run;
```

① 使用if语句，假如ne和nbv_1的值小于1%或者大于99%，将其各自变更为nep1 (nbv_1p1) 和nep99(nbv_1p99)。

执行结果

The REG Procedure
Model: MODEL1
Dependent Variable: price price

Number of Observations Read	2035
Number of Observations Used	2035

Analysis of Variance

Source	DF	Sum of Squares	Mean Square	F Value	Pr > F
Model	3	3.631746E11	1.210582E11	333.67	<.0001
Error	2031	7.368642E11	362808553		
Corrected Total	2034	1.100039E12			

Root MSE	19048	R-Square	0.3301
Dependent Mean	11903	Adj R-Sq	0.3292
Coeff Var	160.02818		

Parameter Estimates

Variable	Label	DF	Parameter Estimate	Standard Error	t Value	Pr > |t|
Intercept	Intercept	1	3990.48212	553.45398	7.21	<.0001
nbv_1	nbv_1	1	0.65314	0.07793	8.38	<.0001
ne	ne	1	10.63156	0.54707	19.43	<.0001
neg		1	-6.37417	0.67845	-9.40	<.0001

从以上的执行结果可以看出与异常值去除前的样本数一样，但模型的总体回归的显著性检验的F值(F=333.67和修正后拟合度(AdjR-Sq=32.92%)分别增加了17.33和1.17%。另外也显示了除截距外的所有变量的回归系数和t值比异常值去除前增加了。

4) 均值 ±3×标准差为基准去除异常值

把异常值的基准定为各变量的均值±3×标准差，去除大于或者小于基准值的异常值后，我们来进行回归分析。

程序

```
   proc sort data=a2; by yr; run;
①  proc means data=a2 mean std; var ne nbv_1; output out=list1
   mean=nemean nbv_1mean std=nestd nbv_1std; by yr; run;
   proc sort data=a2; by yr; run; proc sort data=list1; by yr; run;
   data a3; merge a2 list1; by yr;
②  if ne<=nemean-(nestd*3) then delete;
   if ne>=nemean+(nestd*3) then delete;
   if nbv_1<=nbv_1mean-(nbv_1std*3) then delete;
   if nbv_1>=nbv_1mean+(nbv_1std*3) then delete;
   proc reg data=a3; model price=nbv_1 ne neg; run;
```

① 使用proc means程序，将ne和nbv_1的均值(mean)和标准差(std)分别以nemean(nbv_1mean), nestd(nbv_1std)的变量名保存在를 list1里面。

② ne和nbv_1的值大于或者小于均值 ±(3×标准差)的进行删除。

执行结果

```
                         The REG Procedure
                           Model: MODEL1
                  Dependent Variable: price price

              Number of Observations Read        1981
              Number of Observations Used        1981

                       Analysis of Variance

                                Sum of          Mean
Source               DF        Squares        Square    F Value    Pr > F

Model                 3    1.292895E11   43096487536     304.91    <.0001
Error              1977    2.794306E11     141340711
Corrected Total    1980     4.0872E11

          Root MSE              11889    R-Square     0.3163
          Dependent Mean        10168    Adj R-Sq     0.3153
          Coeff Var         116.91731

                       Parameter Estimates

                                 Parameter       Standard
Variable     Label        DF      Estimate          Error    t Value    Pr > |t|

Intercept    Intercept     1    3028.03457      397.61688       7.62      <.0001
nbv_1        nbv_1         1       0.73418        0.06857      10.71      <.0001
ne           ne            1       9.86102        0.57199      17.24      <.0001
neg                        1      -9.63580        0.98254      -9.81      <.0001
```

执行结果显示，总样本数因去除减少了54个，是1，981个。模型的F值和修正后拟合度分别是304.91和31.5%，反而比异常值去除前的回归分析结果减少了。但是，回归模型的系数值是比异常值去除前增加了。

第10节 异方差性

在回归分析里面许多假设中假设了误差的等方差。即意味着误差的方差是一定的。但是,等方差假设不满足的话, 发生异方差性。这说的是, 误差的方差受自变量或者其他原因的影响不一定的情况, 自变量的值越大, 因变量的方差变大的话, 发生异方差性。因此, 发生异方差性的话, 回归分析的推测系数有可能不是正确的值。下面我们来了解一下异方差性的检验方法以及解决此问题的方案。

1) White General Test

这是检验异方差性的方法, 即检验误差项的方差和模型里包含的自变量, 还有变量的二次项之间是否有相关关系。

1阶段 : 使用最小二乘法推测回归模型, 推导出残差。

2阶段 : 对残差的平方, 常数项, 自变量还有自变量的二次项进行回归分析。

3阶段 : 使用检验统计量, 可判断误差的推测值(残差)与说明变量是否有体系化的相关关系。

例题 10-7 以下是以317个上市公司为对象, 分析各企业的账面价值(nbv_1), 净利润(ne), 广告宣传费(nad)和研发费(nrd)对股价(price)影响的结果。我们通过White general test来检验一下分析结果中异方差性是否存在。

```
                         The REG Procedure
                           Model: MODEL1
                  Dependent Variable: price price

              Number of Observations Read         317
              Number of Observations Used         317

                        Analysis of Variance

                                 Sum of           Mean
Source                DF        Squares         Square    F Value    Pr > F

Model                  4    4.405053E12    1.101263E12     216.96    <.0001
Error                312    1.583673E12     5075875826
Corrected Total      316    5.988726E12

           Root MSE                71245    R-Square     0.7356
           Dependent Mean          59776    Adj R-Sq     0.7322
           Coeff Var           119.18645

                        Parameter Estimates

                                Parameter       Standard
Variable     Label         DF    Estimate          Error    t Value    Pr > |t|

Intercept    Intercept      1       12018     4346.31321       2.77      0.0060
nbv_1        nbv_1          1     0.43011        0.03439      12.51      <.0001
ne           ne             1     2.10924        0.62530       3.37      0.0008
nad          nad            1    29.19180        2.53606      11.51      <.0001
nrd          nrd            1     9.01506        1.07300       8.40      <.0001
```

程序

① White test 第1阶段：推断误差

```
proc reg data=a1;
model price=nbv_1 ne nrd nad; output out=test r=r; run;
quit;
```

② White test 第2阶段：生成残差的平方和自变量的二次项的变量

```
data test1; set test;
sqr=r*r; sqbv=nbv_1*nbv_1; sqne=ne*ne; sqad=nad*nad; sqrd=nrd*nrd;
bve=nbv_1*ne; bvad=nbv_1*nad; bvrd=nbv_1*nrd; ead=ne*nad; erd=ne*nrd; run;
```

③ White test 第3阶段：验证误差作为因变量下的自变量之间的异方差性

```
proc glm data=test1;
model sqr=nbv_1 ne nad nrd sqbv sqne sqad sqrd bve bvad bvrd ead erd/solution;
run;
quit;
```

执行结果

Source	DF	Sum of Squares	Mean Square	F Value	Pr > F
Model	13	8.558744E22	6.5836492E21	6.23	<.0001
Error	303	3.2025172E23	1.0569364E21		
Corrected Total	316	4.0583916E23			

F检验统计量比显著水平大的情况，异方差性不存在。由分析结果来看，F值是6.23，p-value < 0.001，因此可以得出这个回归模型式存在异方差性。

2) 使用Spec选项的异方差性检验

程序

```
proc reg data=a1;
 model price=nbv_1 ne nad nrd/spec acov; run;
```

执行结果

Test of First and Second Moment Specification		
DF	Chi-Square	Pr > ChiSq
14	32.11	0.0039

分析结果, Chi-Square值是32.11, 对于此的 p-value是0.0039。因此, 可以确认误差的等方差在显著性水平1%下是有异方差性。即, Pr>ChiSq大于0.1的话, 异方差性不存在, 比此小的话, 异方差性存在。

3) 考虑异方差性的回归分析

异方差性存在的情况执行回归分析时, 追加White选项, 可以计算出考虑异方差性的修正后的标准误差。

程序

```
proc reg data=a1;
 model price=nbv_1 ne nad nrd/white; run;
```

在proc reg程序里, 追加white选项, 来执行考虑异方差性的回归分析。

执行结果

The REG Procedure
Model: MODEL1
Dependent Variable: price price

Number of Observations Read	317
Number of Observations Used	317

Analysis of Variance

Source	DF	Sum of Squares	Mean Square	F Value	Pr > F
Model	4	4.405053E12	1.101263E12	216.96	<.0001
Error	312	1.583673E12	5075875826		
Corrected Total	316	5.988726E12			

Root MSE	71245	R-Square	0.7356
Dependent Mean	59776	Adj R-Sq	0.7322
Coeff Var	119.18645		

Parameter Estimates

Variable	Label	DF	Parameter Estimate	Standard Error	t Value	Pr > |t|	---Heteroscedasticity Consistent--- Standard Error	t Value	Pr > |t|
Intercept	Intercept	1	12018	4346.31321	2.77	0.0060	3414.08037	3.52	0.0005
nbv_1	nbv_1	1	0.43011	0.03439	12.51	<.0001	0.03475	12.38	<.0001
ne	ne	1	2.10924	0.62530	3.37	0.0008	0.99746	2.11	0.0353
nad	nad	1	29.19180	2.53606	11.51	<.0001	10.91703	2.67	0.0079
nrd	nrd	1	9.01506	1.07300	8.40	<.0001	1.85747	4.85	<.0001

由分析结果来看，可得知对于各自变量考虑异方差性的修正后的标准误差(Heteroscedasticity Consistent Standard Error)。考虑异方差性的 White’ t值在显著水平 5%下都显示的是正(+)的值。异方差性虽存在，但考虑了异方差性的回归系数的显著性没有太大变化。但nad的情况，考虑异方差性的标准误差从2.53大幅增加到了10.91，随之White’ t值从11.51减少到了2.67。

本章的SAS程序

一元，多元回归分析

```
proc reg; data=a1; model sale= rd; run;
proc reg; data=a1; model sale= rd ad; run;
```

与哑变量的交互作用

```
proc reg data=a1; model y=x; run;
proc reg data=a1; model sale=ad z; run;
data a2; set a1; adz=ad*z; run;
proc reg data=a2; model sale=ad z adz; run;
```

回归系数差异分析

```
proc reg data=a1; model sale=rd ad; test rd-ad=0; run;
```

标准化回归系数

```
proc reg data=a1; model sale=ad rdsale/stb; run;
```

多重共线性

```
proc reg data=a1; model y=x1 x2 x3/vif; run;
```

去除异常值：(上·下1%)为基准

```
proc sort data=a2; by yr; run;
proc means data=a2 p1 p99; var ne nbv_1; output out=list1
p1=nep1 nbv_1p1 p99=nep99 nbv_1p99; by yr; run;
proc sort data=a2; by yr; run; proc sort data=list1; by yr; run;
data a3; merge a2 list1; by yr;
if ne<=nep1 then delete; if ne>=nep99 then delete;
if nbv_1<=nbv_1p1 then delete; if nbv_1>=nbv_1p99 then delete; run;
proc reg data=a3; model price=nbv_1 ne neg; run;
```

去除异常值：(上·下1%)为基准

```
proc sort data=a2; by yr; run;
proc means data=a2 p1 p99; var ne nbv_1; output out=list1
p1=nep1 nbv_1p1 p99=nep99 nbv_1p99; by yr; run;
proc sort data=a2; by yr; run; proc sort data=list1; by yr; run;
data a3; merge a2 list1; by yr;
if ne<=nep1 then ne=nep1; if ne>=nep99 ne=nep99;
if nbv_1<=nbv_1p1 then nbv_1=nbv_1p1;
if nbv_1>=nbv_1p99 then nbv_1=nbv_1p99; run;
proc reg data=a3; model price=nbv_1 ne neg; run;
```

去除异常值：平均 ±3×标准差为基准

```
proc sort data=a2; by yr; run;
proc means data=a2 mean std; var ne nbv_1; output out=list1
mean=nemean nbv_1mean std=nestd nbv_1std; by yr; run;
proc sort data=a2; by yr; run; proc sort data=list1; by yr; run;
data a3; merge a2 list1; by yr;
if ne<=nemean-(nestd*3) then delete;
if ne>=nemean+(nestd*3) then delete;
if nbv_1<=nbv_1mean-(nbv_1std*3) then delete;
if nbv_1>=nbv_1mean+(nbv_1std*3) then delete;
proc reg data=a3; model price=nbv_1 ne neg; run;
```

通过White General Test 异方差性检验

```
proc reg data=a1;
model price=nbv_1 ne nrd nad; output out=test r=r; run;
quit;
data test1; set test;
sqr=r*r; sqbv=nbv_1*nbv_1; sqne=ne*ne; sqad=nad*nad; sqrd=nrd*nrd;
bve=nbv_1*ne; bvad=nbv_1*nad; bvrd=nbv_1*nrd; ead=ne*nad; erd=ne*nrd;
run;
proc glm data=test1;
model sqr=nbv_1 ne nad nrd sqbv sqne sqad sqrd bve bvad bvrd ead
erd/solution; run;
quit;
```

使用spec选项的异方差性检验

```
proc reg data=a1;
model price=nbv_1 ne nad nrd/spec acov; run;
```

考虑异方差性的回归分析

```
proc reg data=a1;
model price=nbv_1 ne nad nrd/white; run;
```

CHAPTER

11 Logistic 回归分析

第1节 Logistic回归分析

回归分析是只有在因变量是连续型变量的情况下才适用。因此，若因变量不是连续型变量，但仍进行回归分析的话，可能会得出错误的分析结果。

比如，根据吸烟与否的肺癌发生概率，或者企业的倒闭率预测等情况，因变量则是完全没有正的意义的，只是为了区别两个结果中其中一个而进行标识的而已。像这样的情况，要使用Logistic回归分析。

1) Logistic回归模型

这是当因变量是顺序型(1，0)的范畴，自变量是连续型的变量时，被使用的回归分析方法。

因此，概率变量Y是0或1的值，说明变量是X时，Y是1的概率$P_r(Y_1=1)=P_i$的话，则Logistic回归分析如下。

$$\log\left(\frac{P_i}{1-P_i}\right) = \beta_0 + \beta_1 X_{i1} + \beta_2 X_{i2} + \cdots\ \beta_k X_{ik}$$

2) Logistic回归模型的导出

比如说，我们假定根据不同的企业负债率(X_1)，流动比率(X_2)，资产净收益率(X_3)，营业收入(X_4)，营业现金流(X_5)等条件下，存在发生倒闭($Y=1$)，或者不发生倒闭($Y=0$)这两种可能性。

Logistic回归分析是根据自变量(X)不同下的成功的概率， 推断$P(Y=1|X)$。像这样的情况$P(Y=1|X_1,X_2,X_3,X_4,X_5)$是根据五个自变量下的企业倒闭的发生率。

像这样只有两种可能的结果，这个结果是独立的时候，这个实验就可以执行伯努利。因此，成功的概率称为$P(Y=1)=\pi$的话，Y的均值是$E(Y)=\pi$，方差是$Var(Y)=\pi(1-\pi)$。

这样的实验执行n遍时，成功次数的概率分布呈二项分布，$\pi(x)$则服从下面的Logistic模型。

$$\pi(x) = \frac{\exp(\beta_0 + \beta_1 X_{i1} + \beta_2 X_{i2} + \beta_k X_{ik})}{1 + \exp(\beta_0 + \beta_1 X_{i1} + \beta_2 X_{i2} + \beta_k X_{ik})}$$

这样的Logistic模型可以通过像$\pi(x)=\beta_0+\beta_1 x$这样的一般回归模型来求得。为此如果根据Maximum Likelihood(ML)方法来推断二进制变量的Logistic型变量转换的话，可用下面的公式来表现。

$$\ln(odds)=\ln\frac{\pi(x)}{1-\pi(x)}=logit(\pi(x))=\beta_0+\beta_1 X$$

例题 11-1 我们通过Logistic回归分析来分析某创业公司的研究员人均研发费(RD)和广告宣传费(AD)对企业的专利权成功与否的影响。

PATENT	RD	AD	PATENT	RD	AD
1	22.45	40.6	1	23.4	0.2
1	7.25	35.3	0	25.35	13.75
1	6.75	39.9	1	10.7	38
0	18.1	10.4	0	44.45	19.85
1	28.75	43.2	0	37.85	16.95
1	1.75	12.8	1	0.9	43.4
1	23.25	8.75	1	2.4	40.95
1	41.5	0.7	0	37.45	2.75
0	42.25	2.25	0	44.85	9.4
0	1.25	1.75	1	23.2	39.45

[资料 11-1] 不同的研发费和广告宣传费下的专利权成功与否

程序

```
① proc logistic data=a1; ② model patent=rd ad/noint; run;
```

① 使用proc logistic程序，执行Logistic回归分析。

② 执行说明变量是2个，没有截距(noint)的Logistic回归分析。

执行结果

```
                    Model Fit Statistics

                          Without          With
           Criterion    Covariates    Covariates

           AIC              27.726        21.771
           SC               27.726        23.763
           -2 Log L         27.726        17.771

            Testing Global Null Hypothesis: BETA=0

    Test                  Chi-Square       DF     Pr > ChiSq

    Likelihood Ratio          9.9547        2         0.0069
    Score                     8.3252        2         0.0156
    Wald                      5.2760        2         0.0715

          Analysis of Maximum Likelihood Estimates

                                     Standard          Wald
Parameter    DF    Estimate         Error    Chi-Square    Pr > ChiSq

RD            1      0.0476        0.0256        3.4599        0.0629
AD            1     -0.0840        0.0382        4.8263        0.0280
```

① 对解释变量的值全都是0的原假设的检验结果中似然比卡方检验统计量的 p-value是0.0069,原假设即被驳回。也就是说, 可以判断出通过变量可以解释营业收入的概率的显著的变量包含在其中。

② 通过系数, 可以设计合适的预测模型。在这里, 我们对合适的预测模型可以用$\log(P/1-P)=0.0476\times RD-0.0840\times AD$来表现。

3) Logistic分析中变量选择

在Logistic回归分析里面自变量多的情况, 为了设定最优的模型, 可以只选择像这样有多个自变量中对因变量产生影响的少数的自变量。

为了实现上述目标, 在SAS里面选择程序Selection之后追加s或者b, f, 可以选择Stepwise(阶段选择法), Backward(后进去除法), Forward(前进选择法)。在一般的回归分析里面, 只出现被选择的t值显著的回归系数的结果。

例题 11-2 为开发企业破产预测模型, 考虑四个财务比率, 即CFO(营业现金流/资产), ROA(净利润/资产), CAL(流动资产/流动负债), TURN(营业收入/流动资产)。为推测预测模型, 以117个正常企业和83个破产企业为对象, 进行Logistic判别分析, 我们来检验一下哪些变量是破产预测模型里有用的变量。(因变量破产企业1, 正常企业0)

程序

```
① proc logistic descending data=a1; model Y=CFO ROA CAL TURN/
② stb selection=stepwise ③ ctable pprob=0.5;
④ output out=a2 p=predicts; run;
```

① 使用财务比率进行Logistic判别函数的推断的程序。
(在这里descending是为了识别Y是1的企业作为破产企业来识别的程序命令)

② stb指的是标准化回归系数，是说明在回归分析里解释变量对因变量的相对的影响力。selection=stepwise是使用stepwise方法(阶段选择法对统计学上显著的变量进行选择的一个选项。

③ ctable pprob=0.5是以分类基准(破产，正常与否)概率0.5的基准来进行输出分类表。

④ 所属各样本组的事后概率的名称用predicts指定后保存在数据a2。

执行结果

Response Profile

dered Value	Y	Tota Frequenc
1	1	8:
2	0	11

Probability modeled is Y=1.

识别Y是1的企业为破产企业，是0的企业为正常企业。

Summary of Stepwise Selection

Step	Effect Entered	Effect Removed	DF	Number In	Score Chi-Square	Wald Chi-Square	Pr > ChiSq	Variable Label
1	CFO		1	1	53.1796		<.0001	CFO
2	CAL		1	2	27.0639		<.0001	CAL
3	ROA		1	3	12.5562		0.0004	ROA

根据Logistic判别模型的stepwise方法CFO，CAL，ROA被选入模型。

Testing Global Null Hypothesis: BETA=0

Test	Chi-Square	DF	Pr > ChiSq
Likelihood Ratio	139.6419	3	<.0001
Score	63.7347	3	<.0001
Wald	45.3846	3	<.0001

Residual Chi-Square Test

Chi-Square	DF	Pr > ChiSq
0.2828	1	0.5948

似然比检验统计量的Chi-Square是139.6419，p值<.0001小于显著水平0.05。因此，可以判断出这个模型在预测破产企业的时候是有用的可以称为判别函数。

Analysis of Maximum Likelihood Estimates

Parameter	DF	Estimate	Standard Error	Wald Chi-Square	Pr > ChiSq	Standardized Estimate
Intercept	1	1.5166	0.3460	19.2081	<.0001	
CFO	1	-26.9694	4.1822	41.5848	<.0001	-2.2156
ROA	1	-11.7973	2.3659	24.8649	<.0001	-1.1270
CAL	1	-0.0491	0.0182	7.2694	0.0070	-0.2520

根据最大似然估计法(ML)推测的Logistic判别函数如下。

$$\pi(X)=\frac{\exp(1.52-26.97\times CFO_i-11.80\times ROA_i-0.05\times CAL_i)}{1+\exp(1.52-26.97\times CFO_i-11.80\times ROA_i-0.05\times CAL_i)}$$

Classification Table

Prob Level	Correct Event	Correct Non-Event	Incorrect Event	Incorrect Non-Event	Percentages Correct	Sensi-tivity	Speci-ficity	False POS	False NEG
0.500	63	102	15	20	82.5	75.9	87.2	19.2	16.4

分类基准以0.500作为基准，为了企业的破产预测进行的判别分析只有82.5%被准确预测了。另外，我们可以知道破产企业中15个(19.2%)，正常企业中20个(16.4%)预测是不准确的。

第2节 回归分析和Logistic回归分析的差别

我们知道因变量是连续变量的情况则使用回归分析，是范畴型变量的情况则要使用Logistic回归分析。但是，因变量是范畴型变量的时候，将它误以为是连续变量进行回归分析的情况，分析结果会变得大有不同。

以下资料是由因变量是名义变量(1是投资等级，0是投机等级)组成的。通过此资料，我们分别来进行回归分析和Logistic回归分析的情况，来比较一下各分析结果之间发生了什么样的差异。

	A	B	C	D	E	F	G	H
1	yr	score	credit	ni	cfo	size	lev	for
2	2000	0	12	-0.03277	0.012247	26.16732	0.454127	0.3
3	2000	1	7	0.026879	0.088451	27.77883	0.605706	3.9
4	2000	1	6	0.062251	0.051015	27.01139	0.398891	8.6
5	2000	0	10	0.039875	0.210772	28.19566	0.649513	68.1
6	2000	0	10	0.003524	-0.0254	28.84177	0.695429	7.5
7	2000	1	8	0.012007	0.165325	28.82369	0.533734	10.1

[资料 11-2] 企业的信用等级和主要财务变量

程序

```
proc reg data=a1; model score=ni cfo size lev for; run;
```

执行结果

```
                         The REG Procedure
                           Model: MODEL1
                   Dependent Variable: score score

               Number of Observations Read          440
               Number of Observations Used          440

                        Analysis of Variance

                                Sum of           Mean
Source               DF        Squares         Square    F Value    Pr > F

Model                 5       33.31511        6.66302      38.26    <.0001
Error               434       75.58489        0.17416
Corrected Total     439      108.90000

          Root MSE              0.41732    R-Square     0.3059
          Dependent Mean        0.55000    Adj R-Sq     0.2979
          Coeff Var            75.87696

                        Parameter Estimates

                                Parameter      Standard
Variable     Label        DF     Estimate         Error    t Value    Pr > |t|

Intercept    Intercept     1     -2.56549       0.40882      -6.28      <.0001
ni           ni            1      0.13532       0.16501       0.82      0.4126
cfo          cfo           1      0.55991       0.22460       2.49      0.0130
size         size          1      0.13546       0.01615       8.39      <.0001
lev          lev           1     -1.01033       0.13767      -7.34      <.0001
for          for           1      0.00121       0.00164       0.74      0.4595
```

回归分析结果显示，ni和for变量的回归系数不显著，cfo，size，lev变量的回归系数显著，说明只有这些变量与信用等级存在显著性的关联性。

程序

```
proc logistic descending data=a1;
model score=ni cfo size lev for/stb selection=stepwise noint; run;
```

执行结果

Analysis of Maximum Likelihood Estimates

Parameter	DF	Estimate	Standard Error	Wald Chi-Square	Pr > ChiSq	Standardized Estimate
ni	1	4.5071	1.6454	7.5029	0.0062	0.3518
cfo	1	3.8204	1.4028	7.4163	0.0065	0.2092
size	1	0.0752	0.0187	16.2148	<.0001	0.0604
lev	1	-4.0389	0.8099	24.8687	<.0001	-0.3756
for	1	0.0432	0.0118	13.3128	0.0003	0.3304

Odds Ratio Estimates

Effect	Point Estimate	95% Wald Confidence Limits	
ni	90.656	3.604	>999.999
cfo	45.621	2.918	713.293
size	1.078	1.039	1.118

Logistic回归分析里面，通过stepwise方法，选择与信用等级有显著关联性的变量进行分析的结果，与前面的回归分析结果不同，其中ni，cfo，size，lev，for变量全部都与信用等级存在显著的关联性。

通过stb计算出的标准化回归系数的结果里，lev是-0.3756，产生的是最高的负(-)的影响，这个与一般回归系数不同，for是 0.33，比cfo和 size相对来说影响大一些。结论就是，我们可以看出回归分析和Logistic回归分析的结果是互不相同的。

本章的SAS程序

Logistic回归分析

```
proc logistic data=b1; model patent=rd ad/noint; run;
```

Logistic判别函数推断

```
proc logistic data=a1; model Y=CFO ROA CAL TURN/
stb selection=stepwise ctable pprob=0.5;
output out=a2 p=predicts; run;
```

回归分析和 Logistic回归分析的差别

```
proc reg data=a1; model score=ni cfo size lev for; run;

proc logistic descending data=a1;
model score=ni cfo size lev for/stb selection=stepwise noint; run;
```

CHAPTER

12 超额收益率

为了检验在股票市场上会计披露的信息性，而测定特定的会计信息被披露后的市场反应。为了测定像这样的市场反应，最普遍使用的方法有超额收益率和累积超额收益率。

第1节 超额收益率的定义

超额收益率(Abnormal Return)是从实际收益率减去预期收益率得出的。在这里的实际收益率成为可观察的变量，预期收益率根据计算方法不同存在差异。

举例来说，如果自己所持有的企业的股份比上个月上升5%的话，那么这个投资者获得了5%的收益率。但是，如果同一时期股票市场的所有企业都记录了10%收益率的话，那么这个投资者获取了-5%的超额收益率。像这样超额收益率是根据预期收益率不同可以拥有正(+)或者负(-)的值。

根据预期收益率的种类，超额收益率(AR)有市场调整超额收益率，使用市场模型的风险调整超额收益率，规模调整超额收益率等。另外，超额收益率，事件期间使其累积的收益率称为累积超额收益率(Cumulative Abnormal Return)。

第2节 市场调整超额收益率

市场调整超额收益率是从各企业的收益率里减去市场收益率计算得出，计算公式如下所示。

$$
\begin{aligned}
&\text{市场调整超额收益率} \\
&\quad = \text{实际收益率} - \text{预期收益率} \\
&\quad = \frac{\text{当日收盘价} - \text{前日收盘价}}{\text{前日收盘价}} - \frac{\text{KOSPI当日指数} - \text{KOSPI前日指数}}{\text{KOSPI 前日指数}}
\end{aligned}
$$

假如某企业收益率是0.085，此时点的市场收益率是0.025的话，那么可求得这个企业的市场调整超额收益率如下。

市场调整超额收益率 = 企业收益率 - 市场收益率 = 0.085 - 0.025 = 0.060

第3节 规模调整超额收益率

下面资料是企业代码为1235的企业的各日期的股价，市场指数，以及此企业所属的资产组合组的收益率。使用以下资料，我们来求一下此企业的规模调整超额收益率。

	A	B	C	D	E
1	day	code	price	index	SIZE
2	20150102	1235	18,100.	1926.44	0.011
3	20150105	1235	17,900.	1915.75	-0.042
4	20150106	1235	17,500.	1882.45	-0.003
5	20150107	1235	17,500.	1883.83	-0.006
6	20150108	1235	17,350.	1904.65	0.011
7	20150109	1235	17,650.	1924.7	0.003
8	20150112	1235	17,850.	1920.95	0.001
9	20150113	1235	17,650.	1917.14	-0.007
10	20150114	1235	17,550.	1913.66	0.013
11	20150115	1235	17,950.	1914.14	0.048
12	20150116	1235	19,000.	1888.13	0.052
13	20150119	1235	19,800.	1902.62	0.046
14	20150120	1235	21,100.	1918.31	0.002

price = 当日股价，index = 当日股价指数，SIZE = 企业投资组合收益率

通过Excel可求得各日期的企业收益率(AR)和市场指数收益率(MAR)如下。

ex)2015.01.15.
(17, 900-18, 100)/18,

ex)2015.01.15.
(1915.75-1926.44)/1926.44

day	code	price	index	SIZE	AR	MAR
20150102	1235	18,100	1926.44	0.011		
20150105	1235	17,900	1915.75	-0.042	-0.0110	-0.0055
20150106	1235	17,500	1882.45	-0.003	-0.0223	-0.0174
20150107	1235	17,500	1883.83	-0.006	0.0000	0.0007
20150108	1235	17,350	1904.65	0.011	-0.0086	0.0111
20150109	1235	17,650	1924.70	0.003	0.0173	0.0105
20150112	1235	17,850	1920.95	0.001	0.0113	-0.0019
20150113	1235	17,650	1917.14	-0.007	-0.0112	-0.0020
20150114	1235	17,550	1913.66	0.013	-0.0057	-0.0018
20150115	1235	17,950	1914.14	0.048	0.0228	0.0003
20150116	1235	19,000	1888.13	0.052	0.0585	-0.0136
20150119	1235	19,800	1902.62	0.046	0.0421	0.0077
20150120	1235	21,100	1918.31	0.002	0.0657	0.0082

以此为基础，可求得市场调整超额收益率，累积平均超额收益率，累积超额收益率，规模调整超额收益率如下图所示。

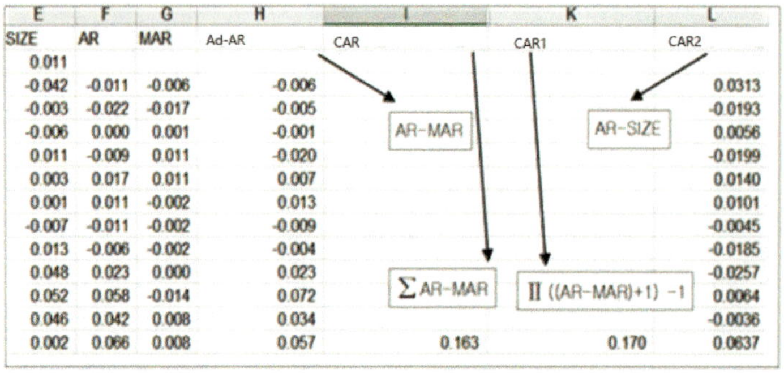

E	F	G	H	I	K	L
SIZE	AR	MAR	Ad-AR	CAR	CAR1	CAR2
0.011						
-0.042	-0.011	-0.006	-0.006			0.0313
-0.003	-0.022	-0.017	-0.005			-0.0193
-0.006	0.000	0.001	-0.001			0.0056
0.011	-0.009	0.011	-0.020			-0.0199
0.003	0.017	0.011	0.007			0.0140
0.001	0.011	-0.002	0.013			0.0101
-0.007	-0.011	-0.002	-0.009			-0.0045
0.013	-0.006	-0.002	-0.004			-0.0185
0.048	0.023	0.000	0.023			-0.0257
0.052	0.058	-0.014	0.072			0.0064
0.046	0.042	0.008	0.034			-0.0036
0.002	0.066	0.008	0.057	0.163	0.170	0.0637

上述所说明的超额收益率可通过以下SAS程序来求出。

程序

```
① data a2; set a1;
  beforprice=lag(price); beforindex=lag(index);
  if first.code then do; beforprice=. ; beforindex=. ; end;
② ar=(price-beforprice)/beforprice; mar=(index-beforindex)/beforindex;
  ar1=ar-mar;
  if ar=. then ar=0; if ar1=. then ar1=0;
③ ar2=ar-size; run;
```

① 使用lag函数，按日可生成前日股价(beforprice)和前日市场指数(beforindex)。

② 企业收益率(ar)减去市场指数收益率得出市场调整超额收益率(ar1)，删除ar和ar1资料缺失(.)或者是0的情况的数据。

③ 企业收益率(ar)减去企业投资组合的收益率(size)生成规模调整超额收益率(ar2)。

下面是使用SAS程序计算各投资组合收益率的方法。

	day	code	SIZE	ar	mar	ar1	ar2
1	20150102	1235	0,0110497238	0	.	0	-0,011049724
2	20150105	1235	-0,042346369	-0,011049724	-0,005549096	-0,005500628	0,031296645
3	20150106	1235	-0,003	-0,022346369	-0,017382226	-0,004964142	-0,019346369
4	20150107	1235	-0,005571429	0	0,0007330872	-0,000733087	0,0055714286
5	20150108	1235	0,0112910663	-0,008571429	0,0110519527	-0,019623381	-0,019862495
6	20150109	1235	0,0033314448	0,0172910663	0,0105268685	0,0067641978	0,0139596215
7	20150112	1235	0,0012044818	0,0113314448	-0,001948356	0,0132798003	0,010126963
8	20150113	1235	-0,006665722	-0,011204482	-0,001983394	-0,009221088	-0,004538759
9	20150114	1235	0,0127920228	-0,005665722	-0,001815204	-0,003850518	-0,018457745
10	20150115	1235	0,0484958217	0,0227920228	0,0002508283	0,0225411945	-0,025703799
11	20150116	1235	0,0521052632	0,0584958217	-0,013588348	0,0720841695	0,0063905586
12	20150119	1235	0,0456565657	0,0421052632	0,0076742597	0,0344310034	-0,003551302
13	20150120	1235	0,002	0,0656565657	0,0082465232	0,0574100424	0,0636565657

程序：指定不同规模下的企业的投资组合

```
① proc rank data=a2 out=b1 group=10; var size; ranks group; run;
   proc sort data=b1; by group; run;
② proc means data=b1 mean; var ar; by group;
   output out=list1; mean=sizear; run;
③ proc sort data=b1; by group; run;
   proc sort data=list1; by group; run;
   data b3; merge b1 list1; by group; run;
```

① 使用proc rank程序按企业规模(size)不同指定10个group后，指定好ranks把变量保存在b1里。

② 把各分组的收益率的均值命名为sizear，保存在list1里。

③ 把group作为基准把原资料(b1)和各分组平均收益率(list1)排序，结合。

第4节 累积超额收益率

前面的超额收益率(AR)按期间使其累积的收益率称为累积超额收益率(CAR)。累积超额收益率的计算方法有两种。一种是简单地把各日期超额收益率全部加起来的方法，还有一种是把各日期的超额收益率都加上1后所有相乘之后再减去1的方法。

程序

```
data a3; set a2;
  if ar1=. then ar1=0;
① retain stock car 0;
   if stock^= code then do; car=0; end;
   car=car+ar1; stock=code;
② retain stock1 car1 1;
   if stock1^= code then do; car1=1; end;
   car1=car1*(1+ar1); stock1=code; car2=car1-1;
   keep day code ar1 car car2; run;
```

① 把各日期超额收益率相加起来，使其累积得出累积平均超额收益率。

② 把各日期超额收益率都加上1，相乘之后，再减去1得出累积超额收益率。

执行结果

	day	code	ar1	car	car2
1	20150102	1235	0	0	0
2	20150105	1235	-0,005500628	-0,005500628	-0,005500628
3	20150106	1235	-0,004964142	-0,01046477	-0,010437465
4	20150107	1235	-0,000733087	-0,011197858	-0,0111629
5	20150108	1235	-0,019623381	-0,030821239	-0,030567228
6	20150109	1235	0,0067641978	-0,024057041	-0,024009793
7	20150112	1235	0,0132798003	-0,010777241	-0,011048837
8	20150113	1235	-0,009221088	-0,019998329	-0,020168043
9	20150114	1235	-0,003850518	-0,023848847	-0,023940904
10	20150115	1235	0,0225411945	-0,001307653	-0,001939366
11	20150116	1235	0,0720841695	0,0707765167	0,0700050055
12	20150119	1235	0,0344310034	0,1052075201	0,1068463515
13	20150120	1235	0,0574100424	0,1626175626	0,1703904475

分析结果显示，这和Excel的分析结果是同样的值，即累积平均超额收益率是0.163，累积超额收益率是0.170。

第5节 使用市场模型的风险调整超额收益率

关于企业的超额收益率计算，最普遍被使用的是使用市场模型的风险调整超额收益率，过去特定期间的企业收益率作为因变量，市场收益率作为自变量，对此进行回归分析来推断。式子如下。

$$R_{it} = \alpha_i + \beta_i \times R_{mt} + \epsilon_{it}$$

如果被推断的市场模型的参数分别是 $\widehat{\alpha_i}$和 $\widehat{\beta_i}$的话，使用市场模型的风险调整超额收益率计算如下。

$$\widehat{\epsilon_{it}} = R - (\widehat{\alpha_i} + \widehat{\beta_i} \times R_{mt})$$

企业的超额收益率是在研究对象时间和市场收益率是独立的假定下，相关事件的效果全部在残差体现。比如，我们使用市场模型的风险调整超额收益率来测定一下某企业并购发布的效果。

对合并发表前120日期间(研究者的基准)企业的日收益率和市场收益率进行回归分析的结果如下。

$$R = 0.05 + 1.75R_{mt}$$

假如并购发布日的市场收益率是0.05，并购企业的收益率是0.015的话，那么这个企业的超额收益率就是上面式子里的残差。

$$超额收益率 = 0.015 - (0.05 + 1.75 \times 0.05) = -0.1225$$

例题 12-1 下面是有关A企业的日股价资料和C事件的披露日资料。我们使用此资料，来计算一下使用市场模型的风险调整超额收益率。

	yr	code	day	price	eventday
1	2015	10805	20150102	18950	20150715
2	2015	10805	20150105	18800	20150715
3	2015	10805	20150106	17700	20150715
4	2015	10805	20150107	17300	20150715
5	2015	10805	20150108	16000	20150715
6	2015	10805	20150109	16150	20150715

程序

```
① proc sort data=a1; by day; run; proc sort data=a2; by day; run;
  data a3; merge a1 a2; by day; run;
  proc sort data=a3; by code; run;
  data a4; set a3;
  beforprice=lag(price); beforindex=lag(index);
  if first.code or first.yr then do; beforprice=. ; beforindex=. ; end;
  ar=(price-beforprice)/beforprice; indexar=(index-beforindex)/beforindex;
② RYEAR=int(day/10000); Rmon=day-Ryear*10000;
③ Rmonth=int(Rmon/100); Rday=Rmon-Rmonth*100;
④ format Rdate yymmdd6.; Rdate=mdy(Rmonth, Rday, Ryear);
⑤ RYEAR1=int(eventday/10000); Rmon1=eventday-Ryear1*10000;
  Rmonth1=int(Rmon1/100); Rday1=Rmon1-Rmonth1*100;
  format Rdate1 yymmdd6.; Rdate1=mdy(Rmonth1, Rday1, Ryear1);
⑥ diff=rdate-rdate1; run;
```

① 把各企业的日股价资料(a1)和市场指数(a2)按日期排序，结合，求出日股票收益率(ar)和市场收益率(indexar)。

② RYEAR是day除以10000后的整数值，day是“20150101”的话，只保留2015这个整数。接下来，Rmon是day减去Ryear*10000得出，即20150101 － (2015*10000) ＝ 101。

③ Rmonth是Rmon除以100后的整数值， Rmon是101的话， 只保留1这样的整数。接下来的Rday是Rmon减去Rmon*100得出的值，即101 － (1*100) ＝ 1。

④ 使用format程序，把日期变量Rdate用6位数的yymmdd变量来设定。这时，m用Rmonth，d用

Rday，y用Ryear来设定，day 20150101用 Rdate 150101来设定。

⑤ eventday的日期变量也和②③④同样的方式来变换，用Rdate1来设定。

⑥ diff(日期差异)表示的是各day和 eventday的日期差异。

执行结果

yr	code	day	eventday	ar	indexar	diff
2015	10805	20150708	20150715	0.0365	−0.011802	−7
2015	10805	20150709	20150715	−0.01174	0.005753	−6
2015	10805	20150710	20150715	0.04988	0.001657	−5
2015	10805	20150713	20150715	0	0.014942	−2
2015	10805	20150714	20150715	0.02489	−0.001111	−1
2015	10805	20150715	20150715	−0.00221	0.006643	0
2015	10805	20150716	20150715	0.00664	0.007227	1
2015	10805	20150717	20150715	−0.02198	−0.005316	2
2015	10805	20150720	20150715	0.01124	−0.001676	5

现在为求出使用市场模型的风险调整超额收益率，选择事件日前120日期间的企业收益率和市场收益率资料。

程序

```
① data a5; set a4; if diff>0 then delete; run;
   proc sort data=a5; by code eventday ② descending diff; run;
③ data a6; set a5; by code eventday;
   if first.eventday then cnt=0; retain cnt; output; cnt=cnt-1;
   keep yr code day ar mar diff eventday cnt indexar; run;
```

① 日期差异(diff)0以上的全部删除。

② 以diff(日期差异)为基准，来进行以下排序。

③ 以企业(code)和披露日(eventday)为基准进行排列后，第一个eventday把名为0的变量名指定为cnt，通过cnt=cnt-1来实现其下个观测值在cnt上每增加一个。

执行结果

yr	code	day	eventday	ar	indexar	diff	cnt
2015	10805	20150715	20150715	−0.00221	0.006643	0	0
2015	10805	20150714	20150715	0.02489	−0.001111	−1	−1
2015	10805	20150713	20150715	0	0.014942	−2	−2
2015	10805	20150710	20150715	0.04988	0.001657	−5	−3
2015	10805	20150709	20150715	−0.01174	0.005753	−6	−4
2015	10805	20150708	20150715	0.0365	−0.011802	−7	−5
2015	10805	20150707	20150715	−0.0464	−0.006641	−8	−6
2015	10805	20150706	20150715	−0.02489	−0.023988	−9	−7

使用披露日前120日期间的资料，对企业收益率和市场收益率进行回归分析，求出截距和回归系数。

程序

```
① data a7; set a6;
   if cnt ge -121 and cnt le -1; run;
② proc sort; by yr code eventday; run;
   proc reg data=a7 outest=beta1; model ar=indexar; by yr code eventday;
   run; quit;
```

① 选择披露日(cnt)前121日开始(ge)到1日(le)为止的资料，保存在数据a7。

② 年度，企业，披露日为基准来排序后，对“企业收益率=市场收益率”这样的模型进行回归分析，截距和回归系数保存在beta1。

执行结果：beta1

	Label of model	Type of statistics	Dependent variable	Root mean squared error	Intercept	indexar	ar
1	MODEL1	PARMS	ar	0.0305893638	0.0029210751	0.7456861091	-1

最后，为求出超额收益率，把披露日的企业收益率和市场收益率资料进行统合。

程序

```
① data beta2; set beta1;
   alpha=intercept; beta=indexar; keep code alpha beta; run;
② data a8; set a6; if cnt^=0 then delete; run;
③ data beta3; merge a8 beta2; return=ar-(alpha+beta*indexar); run;
```

① 指定截距alpha，市场收益率beta，使用keep程序，选择企业，截距，市场收益率。

② 只保留数据a6中披露日的企业股价资料，其他全部删除。

③ 统合两个资料，求出使用市场模型的风险调整超额收益率。

执行结果：beta3

day	eventday	ar	indexar	diff	cnt	alpha	beta	return
20150715	20150715	-0,002207506	0,0066432599	0	0	0,0029210751	0,7456861091	-0,010082367

本章的SAS程序

规模调整超额收益率

```
data a2; set a1;
beforprice=lag(price); beforindex=lag(index);
if first.code then do; beforprice=. ; beforindex=. ; end;
ar=(price-beforprice)/beforprice; mar=(index-beforindex)/beforindex; ar1=ar-mar;
if ar=. then ar=0; if ar1=. then ar1=0; ar2=ar-size; run;
```

不同规模企业的投资组合指定

```
proc rank data=a2 out=b1 group=10; var size; ranks group; run;
proc sort data=b1; by group; run;
proc means data=b1 mean; var ar; by group; output out=list1;
mean=size ar; run;
proc sort data=b1; by group; run;
proc sort data=list1; by group; run;
data b3; merge b1 list1; by group; run;
```

累积超额收益率

```
data a3; set a2;
if ar1=. then ar1=0;
retain stock car 0;
if stock·= code then do; car=0; end; car=car+ar1; stock=code;
retain stock1 car1 1;
if stock1·= code then do; car1=1; end; car1=car1*(1+ar1); stock1=code;
car2=car1-1;
keep day code ar1 car car2; run;
```

求使用市场模型的风险调整超额收益率

```
proc sort data=a1; by day; run; proc sort data=a2; by day; run;
data a3; merge a1 a2; by day; run;
proc sort data=a3; by code; run;
data a4; set a3;
beforprice=lag(price); beforindex=lag(index);
if first.code or first.yr then do; beforprice=. ; beforindex=. ; end;
ar=(price-beforprice)/beforprice; indexar=(index-beforindex)/beforindex;
RYEAR=int(day/10000); Rmon=day-Ryear*10000;
Rmonth=int(Rmon/100); Rday=Rmon-Rmonth*100;
format Rdate yymmdd6.; Rdate=mdy(Rmonth, Rday, Ryear);
RYEAR1=int(eventday/10000); Rmon1=eventday-Ryear1*10000;
Rmonth1=int(Rmon1/100); Rday1=Rmon1-Rmonth1*100;
format Rdate1 yymmdd6.; Rdate1=mdy(Rmonth1, Rday1, Ryear1);
diff=rdate-rdate1; run;

data a5; set a4; if diff>0 then delete; run;
proc sort data=a5; by code eventday descending diff; run;
data a6; set a5; by code eventday;
if first.eventday then cnt=0; retain cnt; output; cnt=cnt-1;
keep yr code day ar mar diff eventday cnt indexar; run;

data a7; set a6;
if cnt ge -121 and cnt le –1; run;
proc sort; by yr code eventday; run;
proc reg data=a7 outest=beta1; model ar=indexar; by yr code eventday;
run; quit;

data beta2; set beta1;
alpha=intercept; beta=indexar; keep code alpha beta; run;
data a8; set a6; if cnt^=0 then delete; run;
data beta3; merge a8 beta2; return=ar-(alpha+beta*indexar); run;
```

事例

1 求盈利持续系数

第1节 盈利持续系数

盈利持续性是指本年度的净利润在未来也能持续维持的程度，根据企业的特征不同而存在差异。比如，除了企业的特殊项目或者被中断的营业等发生的非常规和非反复的项目，由正常的营业活动得到的盈利水平反复的话，那么可以说，这个企业的盈利持续水平高。

像这样的盈利持续系数(ω_1)是使用Ohlson(1995)模型，从如下公式所示的连续的两个期间中时间序列资料来推断得出盈利的1次自我相关系数。

$$Et+1 = \omega_0 + \omega_1 Et + et, \quad Et = t\text{年度的每股净利润}, \quad et = \text{随机误差}$$

上面式子里面的 ω_1就是盈利持续系数。这主要是使用各企业的最近10年的时间序列资料推断来的。比如，A企业的2009年度的盈利持续系数是使用同企业的2000年度起至2009年度的10个年度资料推断得来的。

第2节 推断盈利持续系数

例题 1-1 以下是某企业的2000年起至2015年度的财务资料。我们来推断以下2010年度的盈利持续系数。

yr	code	e	n
2000	11	94, 451, 534, 000	77, 284, 510
2001	11	296, 865, 802, 000	77, 284, 510
2002	11	298, 328, 724, 000	77, 284, 510
2003	11	288, 317, 786, 000	77, 284, 510
2004	11	323, 056, 651, 000	77, 284, 510
2005	11	246, 414, 491, 000	77, 284, 510
2006	11	240, 456, 246, 000	77, 284, 510
2007	11	364, 760, 537, 000	77, 284, 510
2008	11	330, 783, 921, 000	77, 284, 510
2009	11	238, 003, 182, 000	77, 284, 510
2010	11	206, 216, 054, 000	77, 284, 510
2011	11	208, 398, 967, 000	77, 284, 510
2012	11	505, 723, 847, 000	77, 284, 510
2013	11	−267, 179, 193, 000	92, 313, 000
2014	11	93, 007, 739, 000	92, 313, 000
2015	11	55, 741, 545, 000	92, 313, 000

步骤1：准备1次自我回归过程

程序

```
① data a2; set a1;
   ne=e/n; run;
② data a3; set a2;
   yr=yr+1; ne_1=ne;
   keep yr code ne_1; run;
③ proc sort data=a2; by yr code; run;
   proc sort data=a3; by yr code; run;
   data a3; merge a2 a3; by yr code; run;
```

① 净利润(e)除以发行股数(n)得出每股净利润(ne)。

② 生成前年度的每股净利润(ne_1)的资料。

③ 为执行回归分析而结合本年度(a2)和前年度(a3)的资料。

运行结果

	yr	code	e	n	ne	ne_1
1	2001	11	296865802000	77284510	3841,2070155	1222,1276165
2	2002	11	298328724000	77284510	3860,1360609	3841,2070155
3	2003	11	288317786000	77284510	3730,6024972	3860,1360609
4	2004	11	323056651000	77284510	4180,0957398	3730,6024972
5	2005	11	246414491000	77284510	3188,4072371	4180,0957398
6	2006	11	240456246000	77284510	3111,3122927	3188,4072371
7	2007	11	364760537000	77284510	4719,7108062	3111,3122927
8	2008	11	330783921000	77284510	4280,0804586	4719,7108062
9	2009	11	238003182000	77284510	3079,5715985	4280,0804586
10	2010	11	206216054000	77284510	2668,2714816	3079,5715985
11	2011	11	208398967000	77284510	2696,516637	2668,2714816
12	2012	11	505723847000	77284510	6543,6637562	2696,516637
13	2013	11	-2,671792E11	92313000	-2894,274837	6543,6637562
14	2014	11	93007739000	92313000	1007,5259064	-2894,274837
15	2015	11	55741545000	92313000	603,83201716	1007,5259064

步骤2：通过时间序列资料执行回归分析

程序

```
① data a4; set a3;
  if yr<2001 then delete; if yr>2010 then delete; run;
② proc sort data=a4; by code; run;
③ proc reg data=a4 outest=j1;
  model ne=ne_1/adjrsq; by code; run;
```

① 使用if 语句，选择2001年起至2010年的10个年度的资料。

② 为执行各企业的回归分析，以企业为基准来排序。

③ 回归分析结果保存在 j1。

执行结果：j1

code	Label of model	…	Intercept	ne_1	…	Error degrees of freedom	R-squared	Adjusted r-squared
11	MODEL1	…	3683.22	−0.00491	…	8	0.00006	−0.12494
12	MODEL1	…	228.3	0.71802	…	8	0.44496	0.37558
13	MODEL1	…	3132.06	0.00331	…	6	0.00004	−0.16662

通过j1，可以看出各企业的回归系数和观测值数(EDF)，拟合度。

步骤3：指定盈利持续系数

程序

```
① data j2; set j1; yr=2010;
② if _edf_<8 then delete;
③ keep yr code ne_1 _edf_; rename ne_1=w; run;
```

① 在回归分析结果中, 追加 yr=2010 这个年度。

② 为了保障时间序列的安定性, 因需要10个年度的资料, 所以删除edf_(自由度)未满8的企业。

③ 最终, 只选择年度, 企业代码, 盈利持续系数和edf, 使用rename语句用w来再指定盈利持续系数。

执行结果: j2

	code	w	Error degrees of freedom	yr
1	11	-0.004907472	8	2010
2	12	0.7180195397	8	2010

执行结果显示2010年度各企业的盈利持续系数 w。

接下来, 我们来推断2011年度的盈利持续系数。

程序

```
data a4; set a3;
① if yr<2002 then delete; if yr>2011 then delete; run;
   proc sort data=a4; by code; run;
   proc reg data=a4 outest=j1; model ne=ne_1/adjrsq; by code; run;
   data j3; set j1;
② yr=2011; if _edf_<8 then delete;
   keep yr code ne_1 _edf_; rename ne_1=w; run;
```

与前面的说明一致, 如果调整①和②里面的年度的话, 可以得出2011年的盈利持续系数, 如下表所示。

执行结果: j3

	code	w	Error degrees of freedom	yr
1	11	0.3659876601	8	2011
2	12	0.7220058275	8	2011

第3节 使用macro求盈利持续系数

仔细观察推断出的各年度盈利持续系数的程序的话，年度虽然不同，除以外的程序都是一样的。像这样的相同程序使用macro的情况非常有用。

例题 1-2 使用macro功能来推断 2010年起至2015年度的各企业的盈利持续系数。macro功能是保存相同的程序之后相关的程序的位置上标注macro。因此上面的程序中首先要执行先寻找各年度的相同程序这样的作业。这里的相同程序如下。

① proc sort data=a4; by code;
   proc reg data=a4 outest=j1; model ne=ne_1/adjrsq; by code;
② if _edf_<8 then delete; keep yr code ne_1 _edf_; rename ne_1=w;

使用以上的程序，运用macro功能来编写SAS程序。

步骤1 : 调整各年度，分别定义样本组

程序

```
data a4; set a3;
 if yr>2000 and yr<2011 then group1=1; else group1=0;
 if yr>2001 and yr<2012 then group2=1; else group2=0;
 if yr>2002 and yr<2013 then group3=1; else group3=0;
 if yr>2003 and yr<2014 then group4=1; else group4=0;
 if yr>2004 and yr<2015 then group5=1; else group5=0;
 if yr>2005 and yr<2016 then group6=1; else group6=0; run;
```

使用以上的程序来推断2010年度的盈利持续系数的样本组针对group1是1的情况来定义。像这样的方式，我们可以定义推断各年度的盈利持续系数的group。

步骤2：指定macro

程序

```
① %macro aa;
   proc sort; by code; proc reg outest=j1; model ne=ne_1/adjrsq; by code;
   %mend;
② %macro ab;
   if _edf_<8 then delete; keep yr code ne_1 _edf_; rename ne_1=w;
   %mend;
```

① 推断各企业的回归系数的程序aa,

② 观测值10个以下的企业除外，企业的盈利持续系数用w再指定的程序用ab保存。

步骤3：推断2010起至2015年的回归系数

程序

```
① data a5; set a4; if group1=1;
② %aa; run;
③ data j10; set j1; yr=2010;
④ %ab; run;
⑤ data a5; set a4; if group2=1; %aa; run; data j11; set j1; yr=2011; %ab; run;
   data a5; set a4; if group3=1; %aa; run; data j12; set j1; yr=2012; %ab; run;
   data a5; set a4; if group4=1; %aa; run; data j13; set j1; yr=2013; %ab; run;
   data a5; set a4; if group5=1; %aa; run; data j14; set j1; yr=2014; %ab; run;
   data a5; set a4; if group6=1; %aa; run; data j15; set j1; yr=2015; %ab; run;
```

① group1=1的样本组，也就是说，即仅选择年度从2001年起至2010年的样本。

② 执行macro aa。

③ 2010年度的回归分析结果 j1另存为 j10。

④ 执行macro ab。

⑤ 对每个年度执行同样的分析。

程序

```
① proc sort data=j10; by yr code; run;
   proc sort data=j11; by yr code; run;
   proc sort data=j12; by yr code; run;
   proc sort data=j13; by yr code; run;
   proc sort data=j14; by yr code; run;
   proc sort data=j15; by yr code; run;
② data ta; merge j10 j11 j12 j13 j14 j15; by yr code; run;
```

① 按年度和企业来排序，② 结合后保存在 ta中。

执行结果：ta

	code	w	Error degrees of freedom	yr
1	11	-0.004907472	8	2010
2	11	0.3659876601	8	2011
3	11	-0.288936069	8	2012
4	11	-1.551950924	8	2013
5	11	-0.134241381	8	2014
6	11	-0.063069072	8	2015
7	12	0.7180195397	8	2010
8	12	0.7220058275	8	2011
9	12	0.6629053748	8	2012
10	12	0.8180935879	8	2013
11	12	0.6927623457	8	2014
12	12	0.6016139056	8	2015

本章的SAS程序

推断盈利持续系数

```
data a2; set a1;
ne=e/n; run;
data a3; set a2;
yr=yr+1; ne_1=ne;
keep yr code ne_1; run;
proc sort data=a2; by yr code; run;
proc sort data=a3; by yr code; run;
data a3; merge a2 a3; by yr code; run;

data a4; set a3;
if yr<2001 then delete; if yr>2010 then delete; run;
proc sort data=a4; by code; run;
proc reg data=a4 outest=j1;
model ne=ne_1/adjrsq; by code; run;

data j2; set j1;
yr=2010;
if _edf_<8 then delete;
keep yr code ne_1 _edf_; rename ne_1=w; run;

data a4; set a3;
if yr<2002 then delete; if yr>2011 then delete; run;
proc sort data=a4; by code; run;
proc reg data=a4 outest=j1; model ne=ne_1/adjrsq; by code; run;
data j3; set j1;
yr=2011; if _edf_<8 then delete;
keep yr code ne_1 _edf_; rename ne_1=w; run;
```

使用macro功能来推断盈利持续系数

```
data a4; set a3;
 if yr>2000  and yr<2011 then group1=1; else group1=0;
 if yr>2001  and yr<2012 then group2=1; else group2=0;
 if yr>2002  and yr<2013 then group3=1; else group3=0;
 if yr>2003  and yr<2014 then group4=1; else group4=0;
 if yr>2004  and yr<2015 then group5=1; else group5=0;
 if yr>2005  and yr<2016 then group6=1; else group6=0; run;

%macro aa;
proc sort ; by code; proc reg outest=j1; model ne=ne_1/adjrsq; by code;
%mend;
%macro ab;
if _edf_<8 then delete;  keep yr code ne_1 _edf_;  rename ne_1=w;
%mend;
data a5; set a4; if group1=1;%aa; run; data j10; set j1; yr=2010;%ab; run;
data a5; set a4; if group2=1;%aa; run; data j11; set j1; yr=2011;%ab; run;
data a5; set a4; if group3=1;%aa; run; data j12; set j1; yr=2012;%ab; run;
data a5; set a4; if group4=1;%aa; run; data j13; set j1; yr=2013;%ab; run;
data a5; set a4; if group5=1;%aa; run; data j14; set j1; yr=2014;%ab; run;
data a5; set a4; if group6=1;%aa; run; data j15; set j1; yr=2015;%ab; run;

proc sort data=j10; by yr code; run;
proc sort data=j11; by yr code; run;
proc sort data=j12; by yr code; run;
proc sort data=j13; by yr code; run;
proc sort data=j14; by yr code; run;
proc sort data=j15; by yr code; run;
data ta; merge j10 j11 j12 j13 j14 j15 ; by yr code; run;
```

事例

2 求操纵性应计利润

在会计学研究中，作为管理者利润操纵的衡量指标最常使用的是操纵性应计利润。像这样的操控性应计利润大部分使用如下Dechow等(1995)的修正Jones模型公式(1)和(2)来求出。

$$\frac{TA_t}{A_{t-1}} = a_0(\frac{1}{A_{t-1}}) + a_1(\frac{\Delta REV_t - \Delta AR_t}{A_{t-1}}) + a_2(\frac{PPE_t}{A_{t-1}}) + \epsilon_t \quad \text{公式 (1)}$$

$$DA_t = (\frac{TA_t}{A_{t-1}}) - [\hat{a_0}(\frac{1}{A_{t-1}}) + \hat{a_1}(\frac{\Delta REV_t - \Delta AR_t}{A_{t-1}}) + \hat{a_2}(\frac{PPE_t}{A_{t-1}})] \quad \text{公式 (2)}$$

TA_t = t年度 总应计项目(净利润(e)-营业活动现金流(cfo))
$\triangle REV_t$ = t年度 营业收入的增量
$\triangle AR_t$ = t年度 应收账款的增量
PPE_t = t年度 设备资产(有形资产(tan)中除去土地使用权(land)和在建资产(asing))
A_{t-1} = t-1年度 总资产

操纵性应计利润的推断方式首先，使用公式(1)，推断出各年度，各行业的回归系数，推断出的回归系数再带入公式(2)计算各企业的操纵性应计利润。

	A	B	C	D	E	F
1	yr	code	ind	as	sale	e
2	2015	101	1	1,483,645,323,000	1,665,497,201,000	123,453,816,000
3	2014	101	1	1,328,144,783,000	1,495,947,994,000	83,411,681,000
4	2013	101	1	1,098,706,965,000	1,308,485,598,000	-56,027,166,000
5	2015	102	1	627,995,604,000	341,828,920,000	46,376,168,000
6	2014	102	1	626,863,648,000	369,342,762,000	54,859,644,000
7	2013	102	1	579,921,154,000	348,714,815,000	-13,291,678,000
8	2015	103	1	1,069,088,288,000	1,202,371,572,000	33,492,149,000
9	2014	103	1	990,807,251,000	1,008,987,809,000	-5,799,760,000
10	2013	103	1	926,332,575,000	920,278,510,000	1,427,852,000

[事例资料 2-1] 企业财务资料

步骤1：生成t-1年度的滞后一期变量

为求操纵性应计利润，公式(1)的应收账款以及营业收入增量和t-1年度的资产是必要的。

程序

```
① data a2; set a1;
   yr=yr+1; sale_1=sale; as_1=as; sa_1=sa;
② keep yr code sale_1 as_1 sa_1; run;
③ proc sort data=a1; by yr code; run;
   proc sort data=a2; by yr code; run;
④ data a3; merge a1 a2; by yr code; run;
```

① 使用数据 a1，生成数据 a2，对营业收入(sale)和资产(as)，应收账款(sa)的滞后一期的变量进行定义。

② 使用keep程序，选择merge时必要的年度(yr)，企业代码(code)，滞后一期的变量(sale_1, as_1, sa_1)。

③ 对数据 a1和 a2按照年度和企业的基准来进行排序。

④ 通过merge，把数据 a1(本年度)和 a2(滞后一期)结合为数据 a3。

执行结果：a3

yr	code	ind	as	as_1	sale	sa_1
2014	101	1	1,328,144,800,000	1,098,707,000,000	1,495,948,000,000	136,422,327,000
2015	101	1	1,483,645,300,000	1,328,144,800,000	1,665,497,200,000	146,701,822,000
2014	102	1	626,863,648,000	579,921,154,000	369,342,762,000	40,081,164,000
2015	102	1	627,995,604,000	626,863,648,000	341,828,920,000	31,573,530,000
2014	103	1	990,807,251,000	926,332,575,000	1,008,987,800,000	14,559,441,000
2015	103	1	1,069,088,300,000	990,807,251,000	1,202,371,600,000	75,641,714,000
2014	104	1	910,820,699,000	899,205,171,000	1,111,543,600,000	122,053,596,000
2015	104	1	941,123,709,000	910,820,699,000	1,167,232,600,000	107,280,500,000
2014	105	1	1,158,438,400,000	1,090,576,100,000	597,792,855,000	96,413,892,000
2015	105	1	1,185,606,000,000	1,158,438,400,000	677,522,243,000	85,939,361,000
2014	106	1	115,938,660,000	96,868,909,000	149,012,291,000	21,212,955,000
2015	106	1	120,877,774,000	115,938,660,000	156,536,954,000	19,275,569,000

步骤2 : 生成变量

程序

```
① data a4; set a3;
   ta=(e-cf)/as_1; rev=sale-sale_1;
   ar=sa-sa_1; ppe=tan-land-asing;
② b1=1/as_1; b2=(rev-ar)/as_1; b3=ppe/as_1; run;
```

① 生成回归模型中所需要的 ta, rev, ar, ppe变量。

② 定义回归分析中必要的变量为 b1, b2, b3。

执行结果: a4

yr	code	ind	....	b1	b2	b3
2014	101	1	....	9.10E-13	0.1613	0.17696
2015	101	1	....	7.53E-13	0.1168	0.14209
2014	102	1	....	1.72E-12	0.0502	0.15363
2015	102	1	....	1.60E-12	-0.047	0.13066
2014	103	1	....	1.08E-12	0.0298	0.31885
2015	103	1	....	1.01E-12	0.1788	0.28
2014	104	1	....	1.11E-12	-0.0582	0.07296

步骤3 : 按年度及行业来分别执行回归分析

程序

```
① proc sort data=a4; by yr ind; run;
② proc reg data=a4 outest=list1;
③ model ta=b1 b2 b3/noint adjrsq; by yr ind; run;
```

① 为了求出按年度及行业的回归系数, 按年度和按行业的基准进行排序。

② 回归分析的结果保存在 list1中。

③ 前面的公式(1)是没有截距的回归式子。因此可通过 noint来执行没有截距的回归分析。adjrsq是输出修正的拟合度的程序。

步骤4 : 重置行业代码

为了提高操纵性应计利润的可信性, 要选择按年度, 按行业划分的企业数在10以上的行业。因此, 以下list1的结果中按行业划分的样本企业的数是10以下的行业要剔除, 或者用另外一个行业综合起来的调整作业是必要的。

执行结果: list1

yr	ind	Label of model	....	Error degrees of freedom	R-squared	Adjusted r-squared
2014	1	MODEL1	....	13	0.42094	0.28731
2014	2	MODEL1	....	4	0.67322	0.42814
2014	3	MODEL1	....	5	0.96674	0.94678
2014	4	MODEL1	....	12	0.17913	-0.02609
2015	1	MODEL1	....	13	0.00463	-0.22507
2015	2	MODEL1	....	4	0.70136	0.47738
2015	3	MODEL1	....	5	0.5655	0.3048
2015	4	MODEL1	....	12	0.99002	0.98753

为此, EDF是7以下的行业要剔除(10减去回归模型的系数数3得出7.),或者另外指定一个综合的行业。

程序

```
① data a5; set list1; keep yr ind _edf_; run;
② proc sort data=a4; by yr ind; run;
   proc sort data=a5; by yr ind; run;
   data a6; merge a4 a5; by yr ind;
③ if _edf_<7 then ind=100; run;
```

① list1中仅年度, 行业, 自由度这些变量保存于 a5。

② 数据 a4和 a5按照年度和行业的基准来排序, 通过merge进行结合保存为 a6。

③ 此时自由度是 7以下的行业, 使用行业代码100来指定。

步骤5 : 执行最终的回归模型分析

程序

```
   proc sort data=a6; by yr ind; run;
① proc reg data=a6; model ta=b1 b2 b3/noint;
   output out=list2 r=da; by yr ind; run;
```

① 按照年度和行业分别进行没有截距的模型的回归分析, 各企业的残差(r)以da(操纵性应计利润)保存于 list2。

执行结果：list2

3 4	yr	code	ind	....	b1	b2	b3	Error degrees of freedom	Residual
5	2014	101	1	....	9.10E-13	0.1613	0.17696	13	0.04433
6	2014	102	1	....	1.72E-12	0.0502	0.15363	13	-0.03804
7	2014	103	1	....	1.08E-12	0.0298	0.31885	13	-0.04753
8	2014	104	1	....	1.11E-12	-0.0582	0.07296	13	-0.05687
9	2014	105	1	....	9.17E-13	0.0457	0.1169	13	-0.00457
10	2014	106	1	....	1.03E-11	0.1431	0.05268	13	-0.07344
11	2014	107	1	....	1.95E-12	0.0865	0.42568	13	-0.01814
12	2014	108	1	....	1.44E-11	0.0536	0.1435	13	-0.12979
13	2014	109	1	....	9.12E-12	-0.0043	0.081	13	0.02878
14	2014	110	1	....	3.58E-11	0.0863	0.39026	13	0.07158

第1节 直接推断操纵性应计利润

我们通过前面公式(1)的残差可以很容易求出操纵性应计利润。下面我们利用公式(2)来直接推断计算操纵性应计利润，来验证这个值是否与公式(1)的残差相同。

从步骤1开始到步骤4的所有过程都是相同的，在步骤5中按年度和行业分别求各自的回归系数的过程是必要的。

步骤5：按企业，按行业求回归系数

程序

```
① proc sort data=a6; by yr ind; run;
② proc reg data=a6 outest=list3; model ta=b1 b2 b3/noint adjrsq; by yr ind; run;
③ data a7; set list3; keep yr ind b1 b2 b3;
④ rename b1=n1; rename b2=n2; rename b3=n3; run;
```

① 把数据a6按照年度和行业的基准来进行排序。

② 使用noint，按年度和行业分别执行无截距的回归分析，分析结果保存于list3。

③ list3中仅把年度和行业代码，回归系数保存于a7。

④ 使用rename程序，对变量名称 b1，b2，b3分别再指定为 n1，n2，n3。

执行结果：a7

	yr	ind	n1	n2	n3
1	2014	1	-423595738,9	-0,14791209	-0,105279848
2	2014	4	-1181136581	0,0360933402	0,014587471
3	2014	100	726591904,74	-0,036427046	-0,226755992
4	2015	1	-457193027,8	-0,009357435	0,0302215148
5	2015	4	-22996879080	0,0395093583	1,0848558715
6	2015	100	5611370721,4	0,3135962848	-0,281536664

步骤6：计算操纵性应计利润

程序

```
  proc sort data=list2; by yr ind; run;
  proc sort data=a7; by yr ind; run;
  data a8; merge list2 a7; by yr ind;
① da1=ta-(b1*n1+b2*n2+b3*n3);
② diff=da-da1; run;
```

① 各回归系数和各变量相乘后，再从因变量里面减去。

② 公式(1)的残差和公式(2)的操纵性应计利润的值进行比较。

执行结果：a8

2												
3	yr	ind	code	n1	n2	n3	b1	b2	b3	Residual	da1	diff
4												
5	2014	1	101	-423595738.9	-0.14791	-0.10528	9.10E-13	0.1613	0.17696	0.04433	0.04433	0
6	2014	1	102	-423595738.9	-0.14791	-0.10528	1.72E-12	0.0502	0.15363	-0.03804	-0.03804	0
7	2014	1	103	-423595738.9	-0.14791	-0.10528	1.08E-12	0.0298	0.31885	-0.04753	-0.04753	0
8	2014	1	104	-423595738.9	-0.14791	-0.10528	1.11E-12	-0.0582	0.07296	-0.05687	-0.05687	0
9	2014	1	105	-423595738.9	-0.14791	-0.10528	9.17E-13	0.0457	0.1169	-0.00457	-0.00457	0
10	2014	1	106	-423595738.9	-0.14791	-0.10528	1.03E-11	0.1431	0.05268	-0.07344	-0.07344	0
11	2014	1	107	-423595738.9	-0.14791	-0.10528	1.95E-12	0.0865	0.42568	-0.01814	-0.01814	0
12	2014	1	108	-423595738.9	-0.14791	-0.10528	1.44E-11	0.0536	0.1435	-0.12979	-0.12979	0
13	2014	1	109	-423595738.9	-0.14791	-0.10528	9.12E-12	-0.0043	0.081	0.02878	0.02878	0

执行结果，公式(1)的残差(Residual)和通过公式(2)计算出的da1的值各个企业都是相同的，因此，这两者之前的差异(diff)为0。

第2节 使用时间序列推断操纵性应计利润

前面说明的Dechow等(1995)提出的修正Jones模型通过各企业的时间序列回归模型也可以推断出来，方法如下。

例题 2-1 2005年度起至2014年度的10个年度的时间序列资料如下， 使用此资料推断一下2014年度各企业的操纵性应计利润。

yr	code	as	sale	e
2003	2	255,943,439,000	141,186,402,000	1,506,903,000
2004	2	268,505,164,000	136,299,365,000	20,891,448,000
2005	2	231,378,084,000	138,230,037,000	−7,583,046,000
2006	2	254,488,830,000	126,423,511,000	4,096,454,000
2007	2	215,747,248,000	134,147,019,000	6,917,796,000
2008	2	201,468,457,000	134,382,520,000	8,683,313,000
2009	2	194,233,925,000	123,012,330,000	5,943,099,000
2010	2	195,293,494,000	137,961,857,000	7,424,207,000
2011	2	192,629,355,000	152,821,587,000	7,661,989,000
2012	2	197,948,382,000	148,738,623,000	8,065,194,000
2013	2	220,422,961,000	175,119,773,000	21,495,381,000
2014	2	314,145,242,000	145,115,173,000	9,038,512,000
2015	2	324,009,899,000	215,279,424,000	5,427,207,000

步骤1：生成滞后一期的变量

程序

```
data a2; set a1;
 yr=yr+1; sale_1=sale; as_1=as; sa_1=sa;
 keep yr code sale_1 as_1 sa_1; run;
proc sort data=a1; by yr code; run;
proc sort data=a2; by yr code; run;
data a3; merge a1 a2; by yr code; run;
```

步骤2 ： 对回归模型(公式1)的变量进行定义

程序

```
data a4; set a3;
 ta=(e-cf)/as_1; rev=sale-sale_1;
 ar=sa-sa_1; ppe=tan-land-asing;
 b1=1/as_1; b2=(rev-ar)/as_1; b3=ppe/as_1;
① if yr<2005 then delete; if yr>2014 then delete; run;
```

① 需要2005年度起至 2014年度的时间序列资料，使用if程序对相关年度以外的其他资料进行删除。

步骤3: 按企业，按时间序列分别执行回归分析

程序

```
proc sort data=a4; by code; run;
proc reg data=a4 outest=list1;
 model ta=b1 b2 b3/noint adjrsq; by code; run;
```

按企业，按时间序列执行的回归分析结果保存于 list1。

执行结果：list1

code	Label of model	b1	b2	b3	Error degrees of freedom	R-squared	Adjusted r-squared
2	MODEL1	−10072805284	−0.10122	−0.11157	7	0.86822	0.81174
3	MODEL1	−116424725.3	0.03163	0.18693	7	0.01407	−0.40847
5	MODEL1	19523730769	0.55287	−0.08106	4	0.07899	−0.61176

步骤4:　再设定回归模型

程序

```
data a5; set list1; keep code _edf_; run;
proc sort data=a4; by code; run;
proc sort data=a5; by code; run;
data a6; merge a4 a5; by code;
 if _edf_<7 then delete; run;
```

为了时间序列分析的安定性，检验期间必须包括10个年度的资料是必要的。因此，按企业，按时间序列的资料未满10个(_EDF_<7)的企业全部被剔除。

步骤5： 执行最终回归模型分析

程序

```
proc sort data=a6; by code; run;
proc reg data=a6; model ta=b1 b2 b3/noint;
 output out=list2 r=da; by code; run;
```

执行结果：list2

yr	code	b1	b2	b3	Error degrees of freedom	Residual
2014	2	4.54E-12	−0.14502	0.5698	7	−0.00015
2014	3	7.45E-12	−0.16188	0.09187	7	−0.05764

分析结果，可计算出2014年度的各企业各时间序列的操纵性应计利润。在这里要注意的是确认一下是否所有企业的自由度都在7以上。

本章的SAS程序

推断操纵性应计利润（残差）

```
data a2; set a1;
yr=yr+1; sale_1=sale; as_1=as; sa_1=sa;
keep yr code sale_1 as_1 sa_1; run;
proc sort data=a1; by yr code; run;
proc sort data=a2; by yr code; run;
data a3; merge a1 a2; by yr code; run;

data a4; set a3;
ta=(e-cf)/as_1; rev=sale-sale_1;
ar=sa-sa_1; ppe=tan-land-asing;
b1=1/as_1; b2=(rev-ar)/as_1; b3=ppe/as_1; run;

proc sort data=a4; by yr ind; run;
proc reg data=a4 outest=list1;
model ta=b1 b2 b3/noint adjrsq; by yr ind; run;

data a5; set list1; keep yr ind _edf_; run;
proc sort data=a4; by yr ind; run
proc sort data=a5; by yr ind; run
data a6; merge a4 a5; by yr ind;
if _edf_<7 then ind=100; run;

proc sort data=a6; by yr ind; run;
proc reg data=a6; model ta=b1 b2 b3/noint
output out=list2 r=da; by yr ind; run;
```

直接推断操纵性应计利润

```
data a2; set a1;
yr=yr+1; sale_1=sale; as_1=as; sa_1=sa;
keep yr code sale_1 as_1 sa_1; run;
proc sort data=a1; by yr code; run;
proc sort data=a2; by yr code; run;
data a3; merge a1 a2; by yr code; run;

data a4; set a3;
ta=(e-cf)/as_1; rev=sale-sale_1;
ar=sa-sa_1; ppe=tan-land-asing;
b1=1/as_1; b2=(rev-ar)/as_1; b3=ppe/as_1; run;

proc sort data=a4; by yr ind; run;
proc reg data=a4 outest=list1;
model ta=b1 b2 b3/noint adjrsq; by yr ind; run;

data a5; set list1; keep yr ind _edf_; run;
proc sort data=a4; by yr ind; run;
proc sort data=a5; by yr ind; run;
data a6; merge a4 a5; by yr ind;
if _edf_<7 then ind=100; run;

proc sort data=a6; by yr ind; run;
proc reg data=a6 outest=list3; model ta=b1 b2 b3/noint adjrsq; by yr ind;
run;
data a7; set list3; keep yr ind b1 b2 b3;
rename b1=n1; rename b2=n2; rename b3=n3; run;

proc sort data=list2; by yr ind; run;
proc sort data=a7; by yr ind; run;
data a8; merge list2 a7; by yr ind;
da1=ta-(b1*n1+b2*n2+b3*n3); run;
```

使用时间序列来求操纵性应计利润

```
data a2; set a1;
 yr=yr+1; sale_1=sale; as_1=as; sa_1=sa;
 keep yr code sale_1 as_1 sa_1; run;
proc sort data=a1; by yr code; run;
proc sort data=a2; by yr code; run;
data a3; merge a1 a2; by yr code; run;

data a4; set a3;
 ta=(e-cf)/as_1; rev=sale-sale_1;
 ar=sa-sa_1; ppe=tan-land-asing;
 b1=1/as_1; b2=(rev-ar)/as_1; b3=ppe/as_1;
 if yr<2005 then delete; if yr>2014 then delete; run;

proc sort data=a4; by code; run;
proc reg data=a4 outest=list1;
 model ta=b1 b2 b3/noint adjrsq; by code; run;

data a5; set list1; keep code _edf_; run;
proc sort data=a4; by code; run;
proc sort data=a5; by code; run;
data a6; merge a4 a5; by code;
 if _edf_<7 then delete; run;

proc sort data=a6; by code; run;
proc reg data=a6; model ta=b1 b2 b3/noint;
 output out=list2 r=da; by code; run;
```

事例

3 二阶段回归分析

第1节 二阶段回归分析

一般的回归模型是假定自变量和残差之间没有关联性。但是,这样的假定不成立的情况，回归系数的推断要执行2阶段回归分析(2SLS)。即，通过二阶段来推断回归系数，第一阶段里是使用工具变量来推测内生变量,第二阶段中用第1阶段里推测的值替代内生变量进而推断回归公式。

通过以下例子进行说明的话，我们来假定有公式(1-a)和公式(2-a)。

$$Y = \alpha_0 + \alpha_1 X1 + \alpha_2 X2 + \alpha_3 X3 + \varepsilon \quad \text{公式(1-a)}$$

$$Z = \alpha_0 + \alpha_1 Y + \alpha_1 X4 + \alpha_2 X5 + \alpha_3 X6 + \varepsilon \quad \text{公式(2-a)}$$

通过公式(1-a)和公式(2-a)，执行2SLS的话，首先，公式(1-a)中，通过称为X1，X2，X3的工具变量来求得Y的推测值。

$$\hat{Y}\ (Y\text{-}\varepsilon) = \alpha_0 + \alpha_1 X1 + \alpha_2 X2 + \alpha_3 X3 \quad \text{公式(3-a)}$$

之后，求得到的Y的推测值在公式(2-a)中用Y替代进而来推断回归方程式。

$$Z = \alpha_0 + \alpha_1 \hat{Y} + \alpha_1 X4 + \alpha_2 X5 + \alpha_3 X6 + \varepsilon \quad \text{公式(4-a)}$$

第2节 二阶段回归分析的例子

以下参考先行研究 “이익의 질과 기업가치에 관한 실증적 연구(최정호. 2008. 증권학회지. 제37권 제5호; 813-839)”, 我们来看一下二阶段回归分析的考虑事项。

$$EQ = \alpha_0 + \alpha_1 SIZE + \alpha_2 CFO + \alpha_3 SA + \varepsilon \quad \text{公式(1-b)}$$

EQ=盈余质量, SIZE=企业规模, CFO=营业现金流, SA=营业收入

首先，研究者假定了EQ是像公式(1-b)一样，根据其他的自变量预测得来的。然后，通过公式(1-b)预测得到的EQ代入以下公式(2-b)， 我们来观察企业价值(TOBIN)和盈余质量(EQ)的相关性。

$$TOBIN = \alpha_0 + \alpha_1 EQCHAT + \alpha_2 SIZE + \alpha_3 ROE + \alpha_4 LEV + \alpha_5 RD + \varepsilon \quad \text{公式(2-b)}$$

TOBIN=托宾 Q, EQCHAT=根据公式(1-b)推测的盈余质量
SIZE=企业规模, ROE=总资本利润率, LEV=负债比率, RD= 研发费

到此说明的二阶段回归分析，能通过使用以下 SAS程序来执行分析。

步骤1：执行公式(1-b)的回归分析

程序

```
① proc reg data=a1; model eq=size cfo sa; output out=list1
② p=eqchat; run; quit;
```

① 回归分析公式(1-b)，分析结果保存于list1。

② eq的预测值用eqchat来保存。

执行结果

Parameter Estimates

Variable	DF	Parameter Estimate	Standard Error	t Value	Pr > |t|
Intercept	1	17.31863	3.41278	5.07	<.0001
SIZE	1	-0.53701	0.12781	-4.20	<.0001
CFO	1	10.17404	2.76717	3.68	0.0003
SA	1	0.69198	0.38853	1.78	0.0753

步骤2：执行公式(2-b)的回归分析

程序

```
proc reg data=list1; model tobin=eqchat roe size lev rd; run;
```

把在公式(1-b)中推断出的盈余质量预测值(eqchat)包含在公式(2-b)中，然后执行二阶段回归分析。

执行结果

Parameter Estimates

Variable	Label	DF	Parameter Estimate	Standard Error	t Value	Pr > |t|
Intercept	Intercept	1	-2.71298	0.42813	-6.34	<.0001
eqchat	Predicted Value of EQ	1	0.09649	0.01903	5.07	<.0001
ROE		1	3.68463	0.39770	9.26	<.0001
SIZE		1	0.10441	0.01418	7.36	<.0001
LEV		1	0.46073	0.08807	5.23	<.0001
RD		1	8.69174	1.20952	7.19	<.0001

分析结果，通过一阶段回归分析推测得到的盈余质量预测值(eqchat)对企业价值(tobin)有显著性的影响。

以下是不经过这样的步骤，通过简单的程序来执行 2SLS的方法。

程序

```
① proc syslin data=a1 2sls;
② endogenous eq;
③ instruments size cfo sa;
④ model tobin=eq roe size lev rd; run;
```

① 为了执行2sls的程序。

② 在1次模型中指定内生变量 eq。

③ 在1次模型中设定可以推测内生变量的工具变量。

④ 输入把1次模型中推测出的eq包含在二阶段模型内的回归方程式。

执行结果

1 Step

Parameter Estimates

Variable	DF	Parameter Estimate	Standard Error	t Value	Pr > |t|
Intercept	1	17.31863	3.41278	5.07	<.0001
SIZE	1	-0.53701	0.12781	-4.20	<.0001
CFO	1	10.17404	2.76717	3.68	0.0003
SA	1	0.69198	0.38853	1.78	0.0753

2 Step

Parameter Estimates

Variable	Label	DF	Parameter Estimate	Standard Error	t Value	Pr > |t|
Intercept	Intercept	1	-2.71298	0.42813	-6.34	<.0001
eqchat	Predicted Value of EQ	1	0.09649	0.01903	5.07	<.0001
ROE		1	3.68463	0.39770	9.26	<.0001
SIZE		1	0.10441	0.01418	7.36	<.0001
LEV		1	0.46073	0.08807	5.23	<.0001
RD		1	8.69174	1.20952	7.19	<.0001

分析结果, 这与通过前面的2阶段分析的回归分析结果是相同的。

第3节 二阶段回归分析的其他例子(使用残差的方式)

接下来, 与预测内生变量的方式不同, 使用残差来执行二阶段回归分析。我们来使用与先行研究“이사회의 독립성, 공시의 적정성, 그리고 시장반응(손성규, 정기위, 고재민. 2010. 회계저널. 제19권 제5호; 33-65)”的研究方法论相同的方式来分析以下的模型。

首先, 对企业价值(TOBIN)和盈余质量(EQ)的相关性定义如下。前面的研究中预测了盈余质量, 本研究中不预测盈余质量, 用残差来假定。

$$EQ = \alpha_0 + \alpha_1 ROE + \alpha_2 CFO + \varepsilon \qquad \text{公式(1-c)}$$

ROE = 总资本利润率, CFO = 营业现金流

通过公式(1-c)求得的因变量的残差以公式(2-c)的因变量代入, 来执行回归分析。

$$TOBIN = \alpha_0 + \alpha_1 EQR + \alpha_2 SIZE + \alpha_3 ROE + \alpha_4 LEV + \alpha_5 RD + \varepsilon \qquad \text{公式(2-c)}$$

EQR = 通过公式(1-c)求得的残差, LEV = 负债比率

步骤1：执行公式(1-c)的回归分析

程序

```
① proc reg data=a1; model eq=roe cfo; output out=list1
② r=eqr; run; quit;
```

① 回归分析公式(1-c)，分析结果保存于 list1。

② 公式(1-c)的残差用 eqr保存。

执行结果

Parameter Estimates

Variable	DF	Parameter Estimate	Standard Error	t Value	Pr > |t|
Intercept	1	3.47467	0.36817	9.44	<.0001
ROE	1	16.05743	5.07662	3.16	0.0016
CFO	1	5.49525	3.00402	1.83	0.0678

步骤2：执行公式(2-c)的回归分析

程序

```
proc reg data=list1; model tobin=eqr roe size lev rd; run;
```

由公式(1-c)推测出的盈余质量(EQ)的替代值即残差(eqr)包含入公式(2-c)中，进而执行二阶段回归分析。

执行结果

Parameter Estimates

Variable	Label	DF	Parameter Estimate	Standard Error	t Value	Pr > |t|
Intercept	Intercept	1	-0.84877	0.29031	-2.92	0.0036
eqr	Residual	1	0.00667	0.00322	2.07	0.0388
ROE		1	3.93359	0.42177	9.33	<.0001
SIZE		1	0.05070	0.01151	4.40	<.0001
LEV		1	0.41519	0.10303	4.03	<.0001
RD		1	8.67702	1.73755	4.99	<.0001

本章的SAS程序

二阶段回归分析(2SLS) 两个例子

```
proc reg data=a1;
 model eq=size cfo sa; output out=list1
 p=eqchat; run; quit;
proc reg data=list1; model tobin=eqchat roe size lev rd; run;

proc syslin data=a1 2sls;
 endogenous eq;
 instruments size cfo sa;
 model tobin=eq roe size lev rd; run;
```

使用残差的二阶段回归分析

```
proc reg data=a1;
 model eq=roe cfo; output out=list1
 r=eqr; run; quit;
proc reg data=list1; model tobin=eqr roe size lev rd; run;
```

事例

4 SAS 实操练习

以到现在练习的内容为基础，我们通过SAS来再现一下会计学相关的研究方法。我们选择的研究论文是“이익지속성이 순자산과 회계이익에 대한 주가배수에 미치는 영향(백원선, 최관. 1999. 회계학연구. 제24권 제4호; 61-83)”。

第1节 求盈利持续系数

本研究根据Ohlson(1995)模型中定义的超额收益的持续性的不同之下净资产和回归收益对股价倍数的影响是否不同进行了分析。实操练习使用1995年起至2011年的企业财务资料，本研究中作为最重要的变量的盈利持续系数，参考“事例1：求盈利持续系数”，通过以下式子（公式1)来推断，推断期间设定为12年。

$$E_t = \alpha_0 + \omega E_{t-1} + e_t \quad \text{(公式1)}$$

步骤1：生成盈利持续系数推断时必要的时间数列资料

程序

```
① data a2; set a1;
   ne=e/n; run;
② data a3; set a2;
   yr=yr+1; ne_1=ne; keep yr code ne_1; run;
③ proc sort data=a2; by yr code; run;
   proc sort data=a3; by yr code; run;
   data a4; merge a3 a2; by yr code; run;
```

① 净利润(e)除以发行股票数(n)可得出每股净利润。

② 生成滞后一期的每股净利润(ne_1)后，复制 yr，code，ne_1到a3并保存。

③ 本年度(a2)和前年度(a3)的资料，按年度和企业的基准来排序结合。

步骤2: 求各年度的盈利持续系数

程序

```
data a5; set a4;
① if yr<1997 then delete; if yr>2008 then delete; run;
  proc sort data=a5; by code; run;
② proc reg data=a5 outest=j1; model ne=ne_1/adjrsq; by code; run;
③ data t2008; set j1; yr=2008;
  keep yr code ne_1 _edf_; rename ne_1=w; if _edf_<10 then delete; run;
④ data b1; merge t2008 t2009 t2010 t2011; by yr code; run;
```

① 为了求得2008年度各企业的盈利持续系数，选择1997年起至2008年的每股净利润资料。

② 使用回归模型 ne=ne_1对各企业的回归系数进行推断，使用 adjrsq 选项把回归系数盈利持续系数）保存于j1。

③ 为了选择12个年度时间数列资料都可利用的企业， 把edf_(自由度)未满10个的企业全部剔除后，保存于 t2008中。

※ ①-③是为了求 2008年度的盈利持续系数的程序。为了求得2009年起至2011年的盈余持续系数 修正①里面的相关年度，②和 ③里面的数据sheet的名称分别用各年度来修正后，与 ④里面的各年度的盈利持续系数结合后，并保存于 b1中。

步骤3: 选择持续上市企业

程序

```
  proc sort data=b1; by code; run;
① proc means data=b1 n; var yr; by code;
  output out=list1 n=number; run;
  proc sort data=b1; by code; run; proc sort data=list1; by code; run;
② data b2; merge b1 list1; by code;
  if number^=4 then delete; keep yr code w; run;
```

① 各企业的年度变量的样本数以number为变量名保存于 list1。

② number不等于4的时候，被看作为不是持续上市企业，所以予以剔除。

第2节 生成主要变量

对于实操练习论文中的主要变量定义如下。

P= t年末 现行股价	BV= t年末 现每股净资产	W= 盈利持续系数
E= t年度 每股净利润	BP= 净资产-股价 比率(BV/P)	ROE 净资产收益率(E/BV)
LEV= 负债比率(总负债/净资产)		

我们来使用SAS 程序求主要变量。

步骤1: 生成新变量

程序

```
data c2; set c1;
① ne=e/n; nbv=bv/n; lev=li/bv; roe=e/bv; bp=nbv/price;
② if nbv<0 then negbv=nbv; else negbv=0; if ne<0 then nege=ne; else nege=0;
   run;
```

① 生成主要变量 E(ne), BV(nbv), LEV(lev), ROE(roe), BP(bp)。

② 使用if程序, 生成回归分析时要使用的 NEGBV和 NEGE。

步骤2: 合并主要变量和盈利持续系数资料

程序

```
① proc sort data=c2; by yr code; run; proc sort data=b2; by yr code; run;
② data w1; merge c2 b2; by yr code; run;
```

① 对主要变量(c2)和盈利持续系数(b2)资料, 按照年度和企业的基准来进行排序。

② c2和 b2按照年度和企业的基准来结合, 并保存于 w1。

步骤3：生成不同盈利持续系数的哑变量

程序

```
① proc sort data=w1; by yr; run;
② proc means data=w1 median; var w; output out=w2
   median=dumy; by yr; run;
   proc sort data=w1; by yr; run; proc sort data=w2; by yr; run;
③ data w3; merge w1 w2; by yr;
   if dumy>=w then dumy1=1; else dumy1=0; run;
```

① 按年度基准来对 w1进行排序。

② 按年度盈余持续系数的中位数以 dumy这样的变量名保存于w2。

③ 按照年度的基准结合w1和 w2，生成dumy1(盈余持续系数(w)大于或等于中位数为1，如果不是则为 0)变量。

第3节 实证分析

实操论文里使用的 SAS程序如下。

1) 描述性统计量

程序

```
① proc means data=w3 mean std p5 median p95;
   var price nbv ne w bp roe lev; run;
```

① 求得变量 price nbv ne w bp roe lev的 mean=均值，std=标准方差，p5=第5百分位数，median=中位数，p95=第95百分位数。

执行结果

The MEANS Procedure

Variable	Label	Mean	Std Dev	5th Pctl	Median	95th Pctl
price	price	68751.48	156826.81	1735.00	39720.00	197000.00
nbv	nbv	57165.49	170901.17	779.3718594	19310.39	164862.90
ne	ne	5987.13	14236.37	-1466.43	5013.94	18189.10
w	w	0.3917647	0.2564977	0.0229337	0.3791884	0.8140999
bp	bp	1.7761153	21.9245974	0.0278332	0.7603168	3.6118759
roe	roe	0.8077943	3.5289089	-0.0964453	0.1413325	4.7573275
lev	lev	1.0595341	2.1697932	0.1040808	0.7228794	2.8643252

2) 相关分析

程序

```
① proc corr data=w3; var price nbv ne w lev; run;
```

① 通过使用proc corr程序，执行主要变量间的相关分析。

执行结果

Pearson Correlation Coefficients, N = 1179
Prob > |r| under H0: Rho=0

	price	nbv	ne	w	lev
price price	1.00000	0.90440 <.0001	0.75942 <.0001	0.04393 0.1317	-0.06853 0.0186
nbv nbv	0.90440 <.0001	1.00000	0.69621 <.0001	0.11540 <.0001	-0.06797 0.0196
ne ne	0.75942 <.0001	0.69621 <.0001	1.00000	0.00631 0.8287	-0.16169 <.0001
w w	0.04393 0.1317	0.11540 <.0001	0.00631 0.8287	1.00000	-0.00299 0.9184
lev lev	-0.06853 0.0186	-0.06797 0.0196	-0.16169 <.0001	-0.00299 0.9184	1.00000

3) 求得各样本组的主要变量的均值

在执行不同盈利持续系数下的主要变量间均值是否存在差异之前，我们来将对盈利持续系数高的样本组和低的样本组，分别求其均值。

程序

```
① proc sort data=w3; by dumy1; run;
  proc means data=w3 n mean; var w price nbv ne lev; by dumy1; run;
```

① 以dumy1为基准排序后，求各样本组的主要变量的样本数和均值。

执行结果

dumy1=0

Variable	Label	N	Mean
w	w	590	0.1766694
price	price	590	72085.72
nbv	nbv	590	44637.06
ne	ne	590	7117.45
lev	lev	590	1.0061902

dumy1=1

Variable	Label	N	Mean
w	w	589	0.6072253
price	price	589	65411.57
nbv	nbv	589	69715.19
ne	ne	589	4854.90
lev	lev	589	1.1129687

4) 差异分析

我们把盈利收益系数按年度的中位数分为高的样本组和低的样本组，然后对两者之间是否存在差异进行分析。

程序

```
① proc ttest data=w3; class dumy1; var w price nbv ne lev; run;
```

① 通过proc ttest程序，对不同盈利持续系数的主要变量间是否存在差异进行分析。

执行结果

dumy1	N	Mean	Std Dev	Std Err	Minimum	Maximum
0	590	0.1767	0.1163	0.00479	0.00104	0.4103
1	589	0.6072	0.1592	0.00656	0.3302	0.9994
Diff (1-2)		-0.4306	0.1394	0.00812		

dumy1	Method	Mean	95% CL Mean		Std Dev	95% CL Std Dev	
0		0.1767	0.1673	0.1861	0.1163	0.1100	0.1233
1		0.6072	0.5943	0.6201	0.1592	0.1506	0.1688
Diff (1-2)	Pooled	-0.4306	-0.4465	-0.4146	0.1394	0.1340	0.1452
Diff (1-2)	Satterthwaite	-0.4306	-0.4465	-0.4146			

Method	Variances	DF	t Value	Pr > |t|
Pooled	Equal	1177	-53.04	<.0001
Satterthwaite	Unequal	1076.3	-53.02	<.0001

Equality of Variances

Method	Num DF	Den DF	F Value	Pr > F
Folded F	588	589	1.87	<.0001

5) 回归分析

为了分析盈利持续指数对净资产和会计盈余的股价倍数的影响，设定了如下回归模型。

模型 1： $P_t = b_0 + \sum b_k YR_{kt} + b_1 BV_t + b_2 E_t + b_3 NEGE_t + b_4 NEGBV_t + e_t$

模型 2： $P_t = b_0 + \sum b_k YR_{kt} + b_1 BV_t + b_2 Hi\_\omega_t{}^* BV_t + b_3 E_t + b_4 Hi\_\omega_t{}^* E_t + b_5 NEGE_t + b_6 NEGBV_t + e_t$

程序

```
data w4; set w3;
① if yr=2008 then yr8=1; else yr8=0;
  if yr=2009 then yr9=1; else yr9=0;
  if yr=2010 then yr10=1; else yr10=0;
  if yr=2011 then yr11=1; else yr11=0;
② hiwbv=dumy1*nbv; hiwe=dumy1*ne; run;
③ proc reg data=w4; model price=yr8 yr9 yr10 ne nbv nege negbv; run;
④ proc reg data=w4;
  model price=yr8 yr9 yr10 ne nbv hiwbv hiwe nege negbv; run;
```

① 使用if程序，生成年度哑变量。

② 分别生成盈利持续系数高的样本组的nbv和ne的交互项变量。

③ 对模型1执行回归分析。

④ 对模型2执行回归分析。

执行结果：模型1

The REG Procedure
Model: MODEL1
Dependent Variable: price price

Number of Observations Read	1179
Number of Observations Used	1179

Analysis of Variance

Source	DF	Sum of Squares	Mean Square	F Value	Pr > F
Model	7	2.488405E13	3.554864E12	1018.17	<.0001
Error	1171	4.088448E12	3491416131		
Corrected Total	1178	2.897249E13			

Root MSE	59088	R-Square	0.8589
Dependent Mean	68751	Adj R-Sq	0.8580
Coeff Var	85.94463		

Parameter Estimates

Variable	Label	DF	Parameter Estimate	Standard Error	t Value	Pr > |t|
Intercept	Intercept	1	16891	3594.58891	4.70	<.0001
yr8		1	-12780	4870.57219	-2.62	0.0088
yr9		1	-8330.97226	4922.18301	-1.69	0.0908
yr10		1	-6621.20174	4870.60881	-1.36	0.1743
ne	ne	1	3.48263	0.19915	17.49	<.0001
nbv	nbv	1	0.62360	0.01571	39.70	<.0001
nege	nege	1	-3.15135	0.52916	-5.96	<.0001
negbv	negbv	1	-1.45765	0.50919	-2.86	0.0043

执行结果：模型2

```
                         The REG Procedure
                           Model: MODEL1
                  Dependent Variable: price price

             Number of Observations Read          1179
             Number of Observations Used          1179

                        Analysis of Variance

                                 Sum of          Mean
Source                 DF       Squares        Square    F Value    Pr > F

Model                   9    2.509535E13   2.788373E12    840.72    <.0001
Error                1169    3.877141E12    3316630797
Corrected Total      1178    2.897249E13

          Root MSE                 57590    R-Square     0.8662
          Dependent Mean           68751    Adj R-Sq     0.8651
          Coeff Var             83.76576

                        Parameter Estimates

                                Parameter      Standard
Variable     Label        DF     Estimate         Error    t Value    Pr > |t|

Intercept    Intercept     1        19414    3528.36415       5.50      <.0001
yr8                        1       -14617    4752.95802      -3.08      0.0022
yr9                        1   -8513.16108   4800.48358      -1.77      0.0764
yr10                       1   -7253.16111   4747.92117      -1.53      0.1269
ne           ne            1      2.21845       0.26111       8.50      <.0001
nbv          nbv           1      0.71203       0.02441      29.17      <.0001
hiwbv                      1     -0.16022       0.02907      -5.51      <.0001
hiwe                       1      2.62680       0.32959       7.97      <.0001
nege         nege          1     -2.99606       0.53595      -5.59      <.0001
negbv        negbv         1     -1.30097       0.49802      -2.61      0.0091
```

为了比较净资产或会计盈余和市场价值之间的关联性的模型设定如下。

$$\text{模型 3: } P_t = b_0 + \sum b_k YR_{kt} + b_1 BV_t(\text{or } E_t) + b_2 NEGE_t + b_3 NEGBV_t + e_t$$

程序

```
① data w5; set w4;
  if dumy1=0 then delete; run;
  proc reg data=w5; model price=yr8 yr9 yr10 nbv nege negbv; run;
  proc reg data=w5; model price=yr8 yr9 yr10 ne nege negbv; run;
```

① 剔除盈利持续系数低的样本组(dumy1=0)后，分别选择nbv和ne执行回归分析。

执行结果：模型3

模型 $P_t = b_0 + \sum b_k YR_{kt} + b_1 BV_t + b_2 NEGE_t + b_3 NEGBV_t + e_t$ Result

Number of Observations Read 589
Number of Observations Used 589

Analysis of Variance

Source	DF	Sum of Squares	Mean Square	F Value	Pr > F
Model	6	1.206998E13	2.011663E12	384.42	<.0001
Error	582	3.045624E12	5233031348		
Corrected Total	588	1.51156E13			

Root MSE	72340	R-Square	0.7985
Dependent Mean	65412	Adj R-Sq	0.7964
Coeff Var	110.59158		

Parameter Estimates

Variable	Label	DF	Parameter Estimate	Standard Error	t Value	Pr > |t|
Intercept	Intercept	1	16213	6189.82943	2.62	0.0090
yr8		1	-16913	8442.83457	-2.00	0.0456
yr9		1	-8157.06861	8519.19722	-0.96	0.3387
yr10		1	-2342.90399	8446.57107	-0.28	0.7816
nbv	nbv	1	0.81317	0.01700	47.84	<.0001
nege	nege	1	0.84174	0.72928	1.15	0.2489
negbv	negbv	1	-1.20913	0.91758	-1.32	0.1881

$P_t = b_0 + \sum b_k YR_{kt} + b_1 E_t + b_2 NEGE_t + b_3 NEGBV_t + e_t$ Result

The REG Procedure
Model: MODEL1
Dependent Variable: price price

Number of Observations Read 589
Number of Observations Used 589

Analysis of Variance

Source	DF	Sum of Squares	Mean Square	F Value	Pr > F
Model	6	1.066257E13	1.777096E12	232.26	<.0001
Error	582	4.45303E12	7651254047		
Corrected Total	588	1.51156E13			

Root MSE	87471	R-Square	0.7054
Dependent Mean	65412	Adj R-Sq	0.7024
Coeff Var	133.72473		

Parameter Estimates

Variable	Label	DF	Parameter Estimate	Standard Error	t Value	Pr > |t|
Intercept	Intercept	1	18810	7491.15241	2.51	0.0123
yr8		1	-26775	10206	-2.62	0.0089
yr9		1	-11724	10301	-1.14	0.2555
yr10		1	-16059	10214	-1.57	0.1164
ne	ne	1	11.02227	0.29655	37.17	<.0001
nege	nege	1	-11.17089	0.94969	-11.76	<.0001
negbv	negbv	1	-0.83810	1.10940	-0.76	0.4503

这两个模型间的拟合度差异分析通过 Vuong's的Z值可以确定。

最后，全部样本中只选取盈余持续系数高的样本组来执行回归分析。

程序

```
data w6; set w4;
① if nbv>0 and ne>0 then dumy2=1; else dumy2=0;
   if dumy2=0 then delete;
② if dumy1=0 then delete; run;
   proc reg data=w6; model price=yr8 yr9 yr10 nbv nege negbv; run;
   proc reg data=w6; model price=yr8 yr9 yr10 ne nege negbv; run;
data w7; set w4;
③ if ne<0 then dumy3=1; else dumy3=0;
   if dumy3=0 then delete;
   proc reg data=w7; model price=yr8 yr9 yr10 nbv; run;
   proc reg data=w7; model price=yr8 yr9 yr10 ne; run;
```

① 为了选取净资产和会计盈余是正(+)的样本组而剔除 dumy2=0的样本组。

② 为了选取盈利持续系数高的样本组而剔除dumy1=0(盈利持续系数低的样本组)之后，分别执行回归分析。

③ 为了只选取会计盈余是负(-)的样本组而剔除dumy3=0的样本组之后,分别执行回归分析。

6) 追加分析

接下来是控制了财务健全性和会计处理的稳健性之后，为了分析盈利持续系数对净资产和会计盈余的影响而设定了如下回归模型。

$$
\begin{aligned}
P_t = {} & b_0 + \sum b_k YR_{kt} + b_1 BV_t + b_2 Hi\_\omega_t{}^* BV_t + b_3 Hi\_ \leq V_t{}^* BV_t + b_4 Hi\_GW_t{}^* BV_t \\
& + b_5 E_t + b_4 Hi\_\omega_t{}^* E_t + b_6 Hi\_ \leq V_t{}^* E_t + b_7 Hi\_GW_t{}^* E_t \\
& + b_8 NEGE_t + b_9 NEGBV_t + e_t
\end{aligned}
$$

变量定义:

Hi_LEV = (总负债/ 权益资本)大于各年度的中位数时为1, 否则为 0。

$GW = (P_{t+1} - BV_{t+1})/ P_{t+1}$

Hi_GW = GW比各年度中位数大时为 1, 否则为 0。

为了追加分析, 求LEV和GW(本研究中简单地用 bp来定义)的各年度的中位数的程序执行如下。

程序

```
① proc means data=w4 median; var lev bp; output out=d1
   median=levdumy bpdumy; by yr; run;
   proc sort data=w4; by yr; run;
   proc sort data=d1; by yr; run;
② data d2; merge d1 w4; by yr;
   if levdumy>=lev then dumylev=1; else dumylev=0;
   if bpdumy>=bp then dumybp=1; else dumybp=0;
③ hilevbv=nbv*dumylev;
   higwbv=nbv*dumybp;
   hileve=ne*dumylev;
   higwe=ne*dumybp; run;
④ proc reg data=d2; model price=yr8 yr9 yr10 nbv hiwbv
   hilevbv higwbv ne hiwe hileve higwe nege negbv; run;
```

① 通过proc means程序, 求得各年度的 lev, bp的中位数, 以levdumy和 bpdumy的变量名保存于 d1中。

② 通过if程序, 对lev和bp比中位数大的样本组和小的样本组分别设定为哑变量 dumylev和dumybp。

③ 分别生成ev和 bp高的样本组的nbv和ne的交互变量。

④ 对追加模型执行回归分析。

The REG Procedure
Model: MODEL1
Dependent Variable: price price

Number of Observations Read	1179
Number of Observations Used	1179

Analysis of Variance

Source	DF	Sum of Squares	Mean Square	F Value	Pr > F
Model	13	2.682182E13	2.063217E12	1117.62	<.0001
Error	1165	2.150676E12	1846073649		
Corrected Total	1178	2.897249E13			

Root MSE	42966	R-Square	0.9258
Dependent Mean	68751	Adj R-Sq	0.9249
Coeff Var	62.49460		

Parameter Estimates

Variable	Label	DF	Parameter Estimate	Standard Error	t Value	Pr > |t|
Intercept	Intercept	1	5817.75731	2789.18526	2.09	0.0372
yr8		1	-8208.24427	3559.60363	-2.31	0.0213
yr9		1	-4973.50302	3589.53009	-1.39	0.1661
yr10		1	-2710.12812	3552.06220	-0.76	0.4456
nbv	nbv	1	0.61272	0.05865	10.45	<.0001
hiwbv		1	-0.14132	0.02241	-6.31	<.0001
hilevbv		1	0.13637	0.05493	2.48	0.0132
higwbv		1	0.73488	0.05026	14.62	<.0001
ne	ne	1	2.93176	0.45769	6.41	<.0001
hiwe		1	0.61498	0.25869	2.38	0.0176
hileve		1	-1.23761	0.39753	-3.11	0.0019
higwe		1	2.05368	0.38443	5.34	<.0001
nege	nege	1	-3.70647	0.49029	-7.56	<.0001
negbv	negbv	1	-2.36203	0.37689	-6.27	<.0001

本章的SAS程序

推断盈利持续系数

```
data a2; set a1;
ne=e/n; run;
data a3; set a2;
yr=yr+1; ne_1=ne; keep yr code ne_1; run;
proc sort data=a2; by yr code; run;
proc sort data=a3; by yr code; run;
data a4; merge a3 a2; by yr code; run;
data a5; set a4;
if yr<1997 then delete; if yr>2008 then delete; run;
proc sort data=a5; by code; run;
proc reg data=a5 outest=j1; model ne=ne_1/adjrsq; by code; run;
data t2008; set j1; yr=2008;
keep yr code ne_1 _edf_; rename ne_1=w; if _edf_<10 then delete; run;
data b1; merge t2008 t2009 t2010 t2011; by yr code; run;

proc sort data=b1; by code; run;
proc means data=b1 n; var yr; by code; output out=list1 n=number; run;
proc sort data=b1; by code; run; proc sort data=list1; by code; run;
data b2; merge b1 list1; by code;
if number^=4 then delete; keep yr code w; run;
```

生成主要变量

```
data c2; set c1;
ne=e/n; nbv=bv/n; lev=li/bv; roe=e/bv; bp=nbv/price;
if nbv<0 then negbv=nbv; else negbv=0; if ne<0 then nege=ne; else nege=0;
run;
```

生成用以实证分析的资料

```
proc sort data=c2; by yr code; run;
proc sort data=b2; by yr code; run;
data w1; merge c2 b2; by yr code; run;
```

不同的盈利持续系数下样本组的分类

```
proc sort data=w1; by yr; run;
proc means data=w1 median; var w; output out=w2
median=dumy; by yr; run;
proc sort data=w1; by yr; run; proc sort data=w2; by yr; run;
data w3; merge w1 w2; by yr;
if dumy>=w then dumy1=1; else dumy1=0; run;
```

实证分析

```
proc means data=w3 mean std p5 median p95;
var price nbv ne w bp roe lev; run;

proc corr data=w3; var price nbv ne w lev; run;

proc sort data=w3; by dumy1; run;
proc means data=w3 n mean; var w price nbv ne lev; by dumy1; run;
proc ttest data=w3; class dumy1; var w price nbv ne lev; run;

data w6; set w4;
if nbv>0 and ne>0 then dumy2=1; else dumy2=0;
if dumy2=0 then delete;
if dumy1=0 then delete; run;
proc reg data=w6; model price=yr8 yr9 yr10 nbv nege negbv; run;
proc reg data=w6; model price=yr8 yr9 yr10 ne nege negbv; run;

data w7; set w4;
if ne<0 then dumy3=1; else dumy3=0;
if dumy3=0 then delete;
proc reg data=w7; model price=yr8 yr9 yr10 nbv; run;
proc reg data=w7; model price=yr8 yr9 yr10 ne; run;
```

追加分析

```
proc means data=w4 median; var lev bp; output out=d1
median=levdumy bpdumy; by yr; run;
proc sort data=w4; by yr; run; proc sort data=d1; by yr; run;
data d2; merge d1 w4; by yr;
if levdumy>=lev then dumylev=1; else dumylev=0;
if bpdumy>=bp then dumybp=1; else dumybp=0;
hilevbv=nbv*dumylev; higwbv=nbv*dumybp; hileve=ne*dumylev;
higwe=ne*dumybp; run;
proc reg data=d2; model price=yr8 yr9 yr10 nbv hiwbv
hilevbv higwbv ne hiwe hileve higwe nege negbv; run;
```

事例

5 KIS-VALUE使用操作

安装KIS-VALUE后，打开运行 NewKisValue ，就可以看到如下的界面。

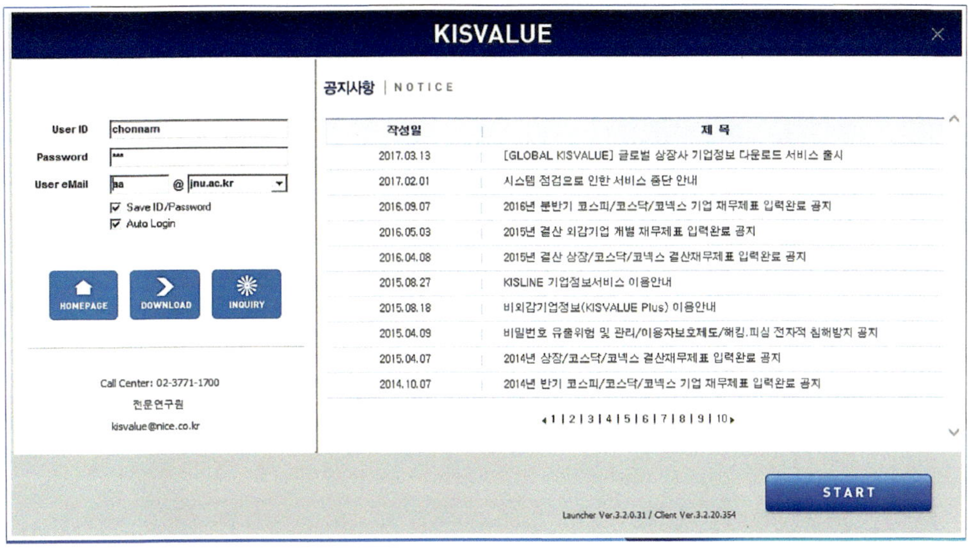

在此界面中，点击 START 的话，就会出现 KISVALUE的首界面如下。

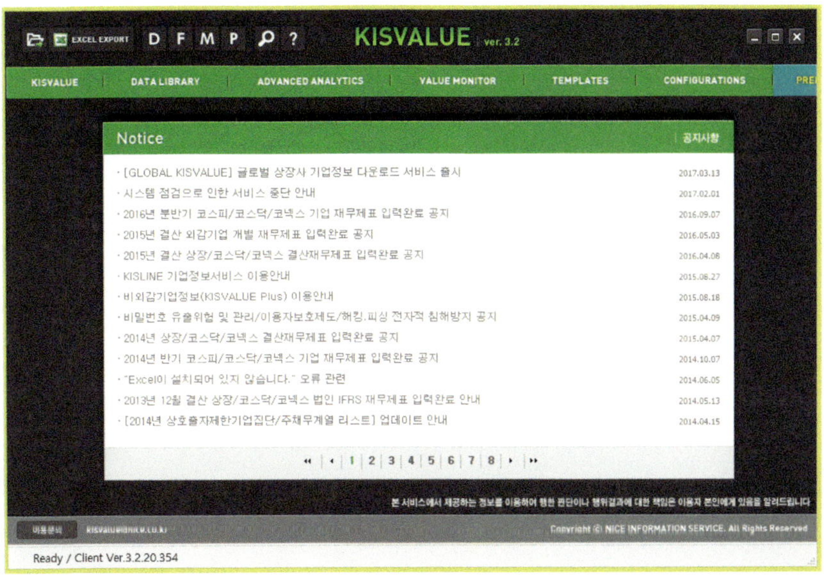

※ 本例子是以查找2011年起至2013年，12月决算法人，金融业除外，无保留审计意见的企业的总资产、总资本、总负债、净利润、营业现金流、t+1年度3月末股价的方法为基础进行的。

首先，为了查找资料，选择 DATA LIBRARY后，在其中再选择 Massive Download。

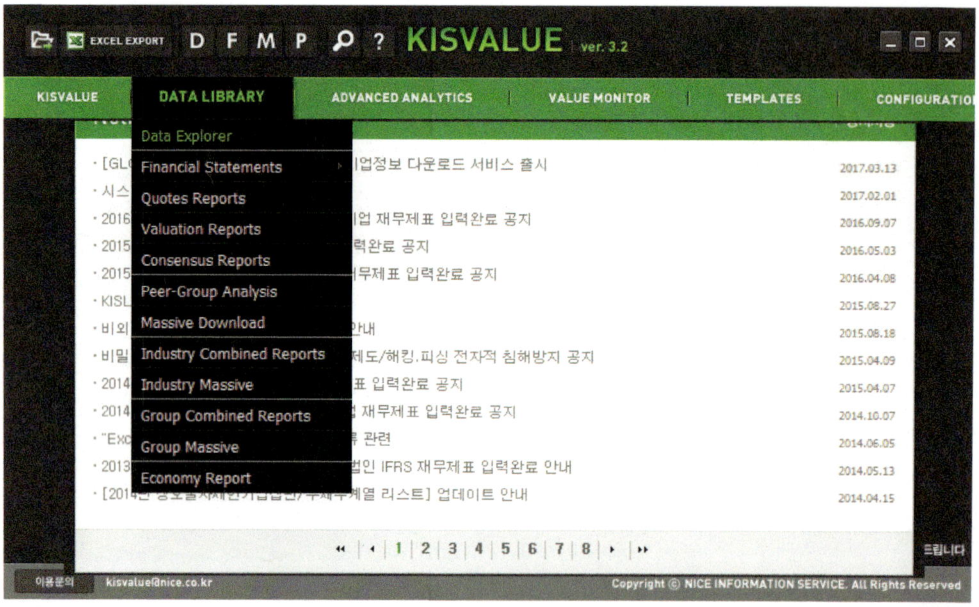

接下来，是可以选择Select Identifiers的界面。在此界面中，首先选择 Special，然后选择按年度 KOSPI 上市，2013年，最后点击 SUBMIT即可。

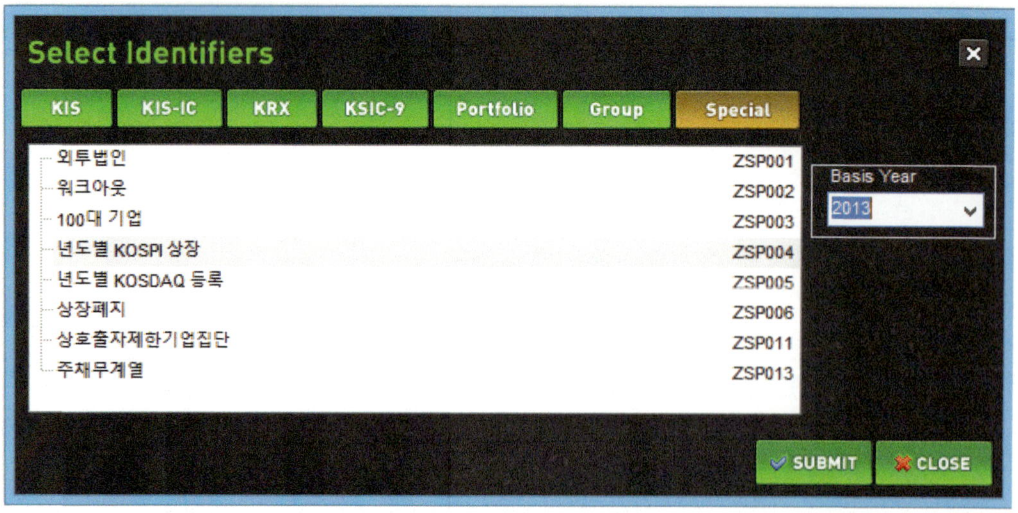

接下来出现的界面中，2013年度KOSPI上市企业的list就输出了。

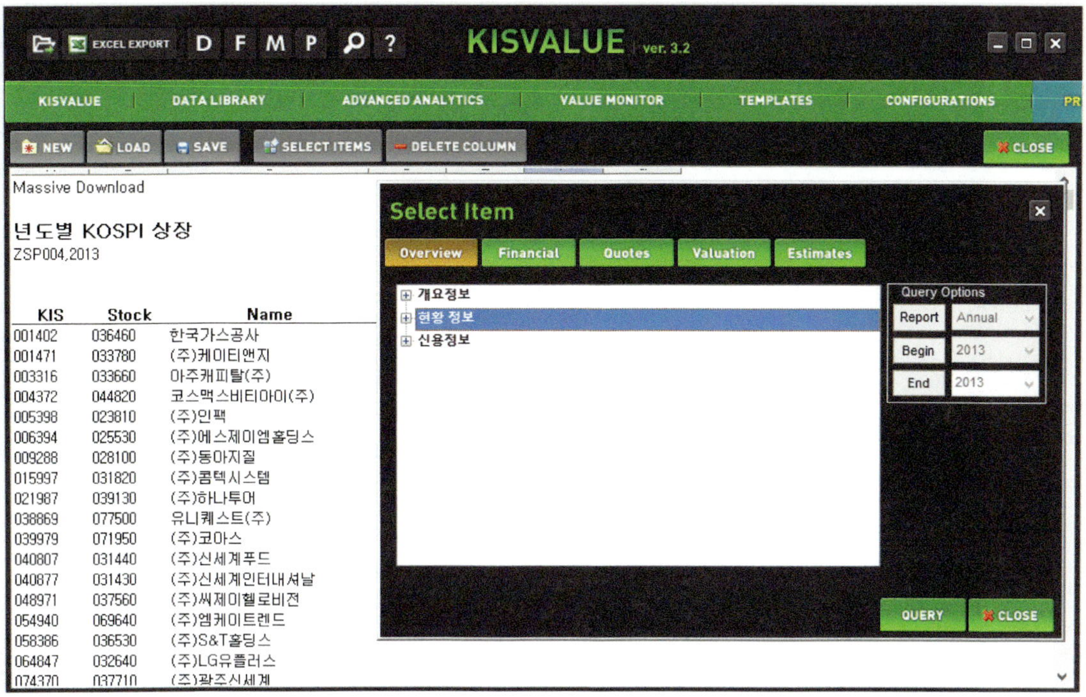

各企业的基本信息可以通过Select Item中的 Overview查找到，那现在我们就来查找一下各企业/决算日/行业分类/审计意见/审计法人。

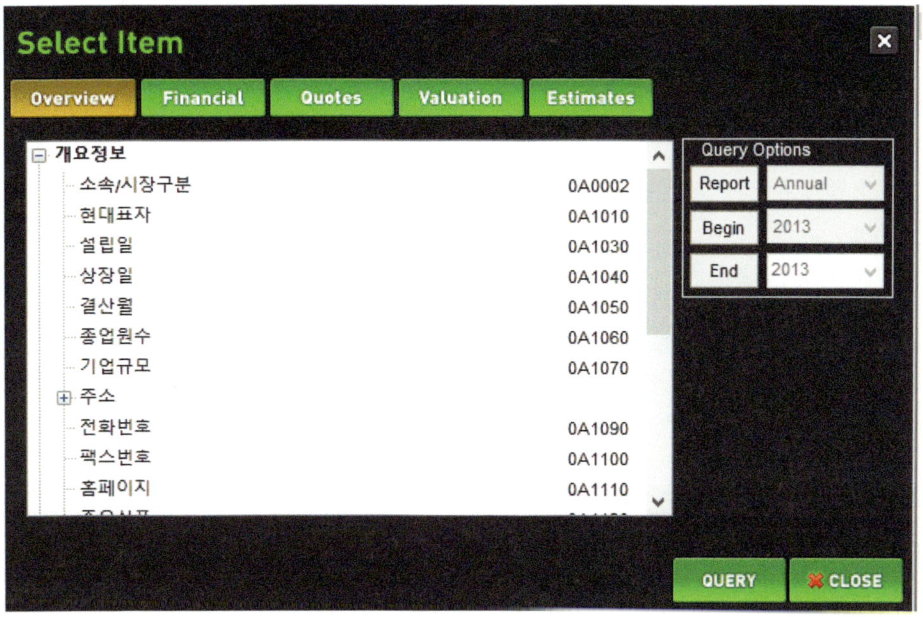

为了得到决算日资料，选择概要信息的决算月，然后点击 QUERY。各企业的决算月信息就在企业名称后面一并输出了。

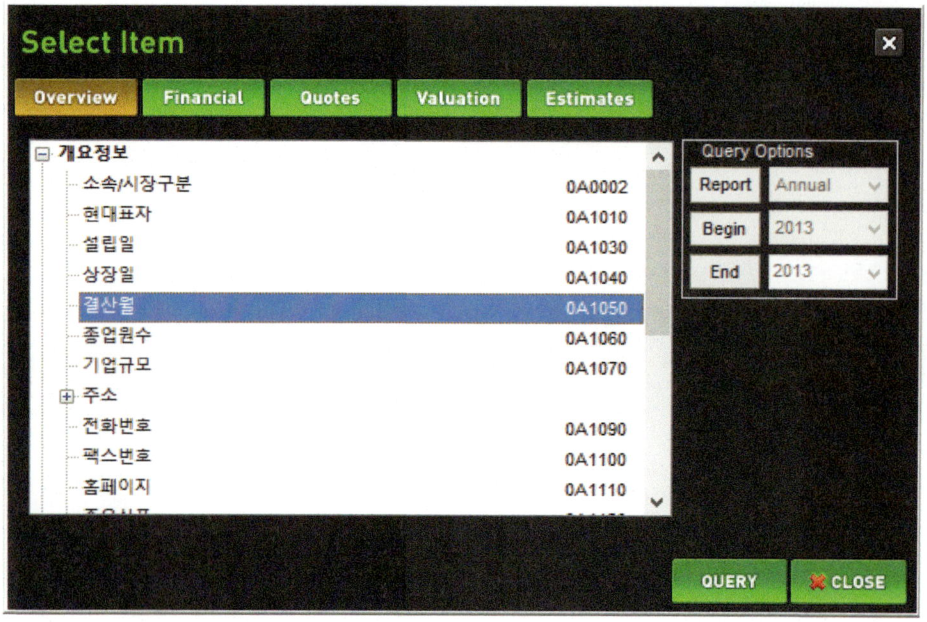

行业分类是现选择概要信息的行业分类(KSIC-9)，之后选择中分类，然后点击 QUERY可查找到。行业分类信息就在决算月后一并输出了。

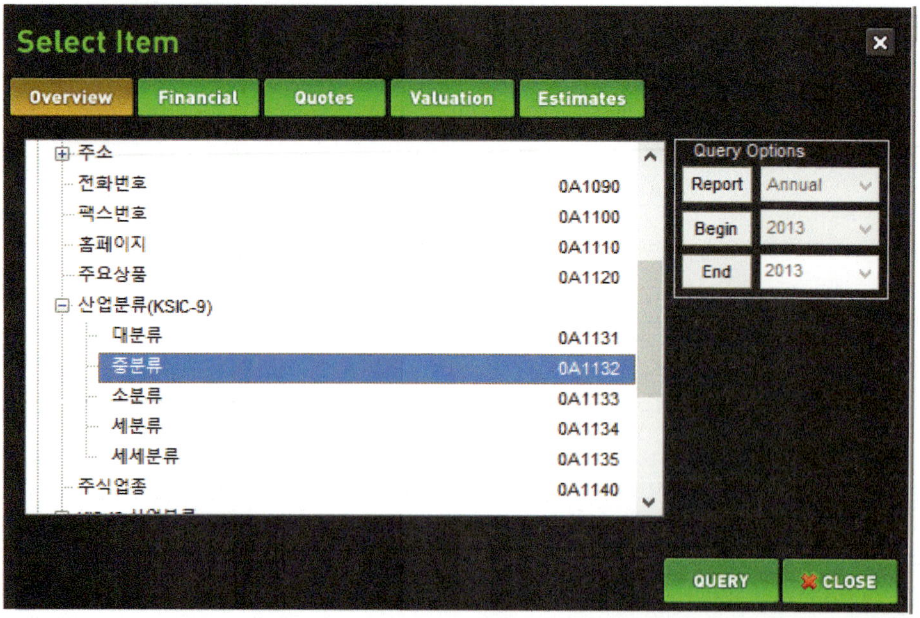

接下来，各企业的审计意见和审计法人有关的信息可以通过现状信息中的审计意见和审计

法人得到。但是，这些信息在获取的过程中需要输入开始年度和结束年度。

例) 如查找2013年度的资料时，要把 Begin和End全部设定为2013年即可。

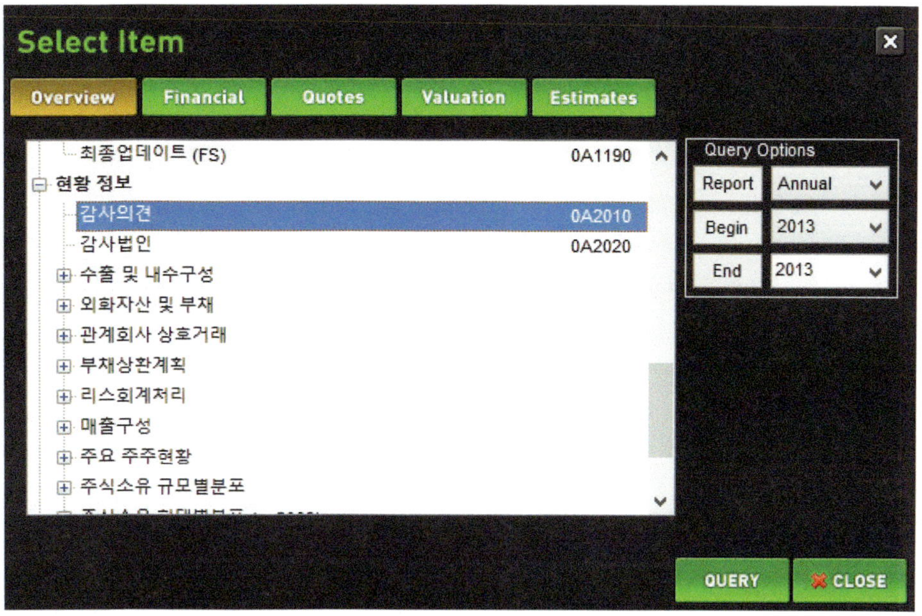

接下来，财务信息要在**Select Item**中选择 **Financial**后，点击符号 (+)。

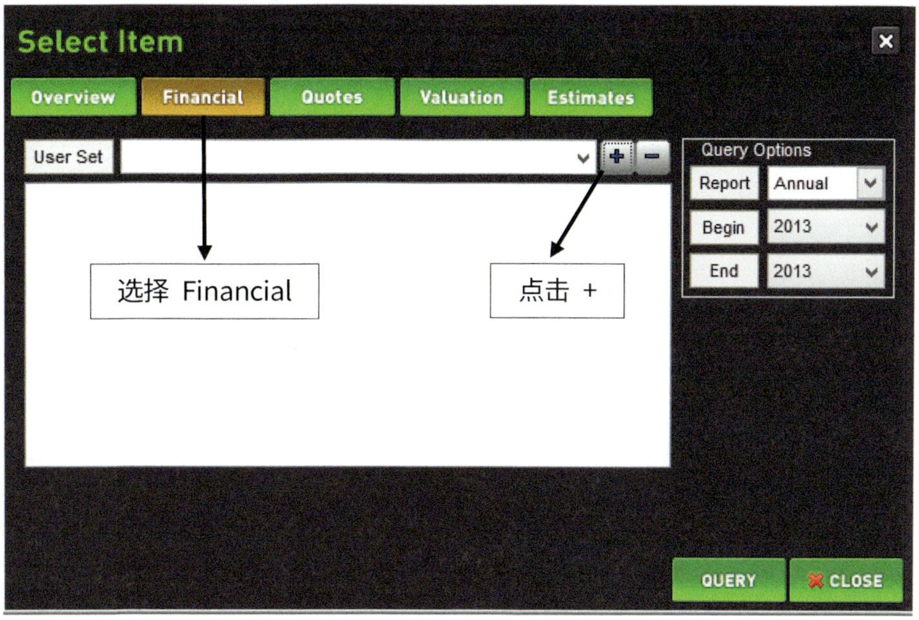

然后,出现以下Items的界面， 在Classification里面选择非金融业， Data Set中选择 LIST, View Options中选择 FULL LIST。

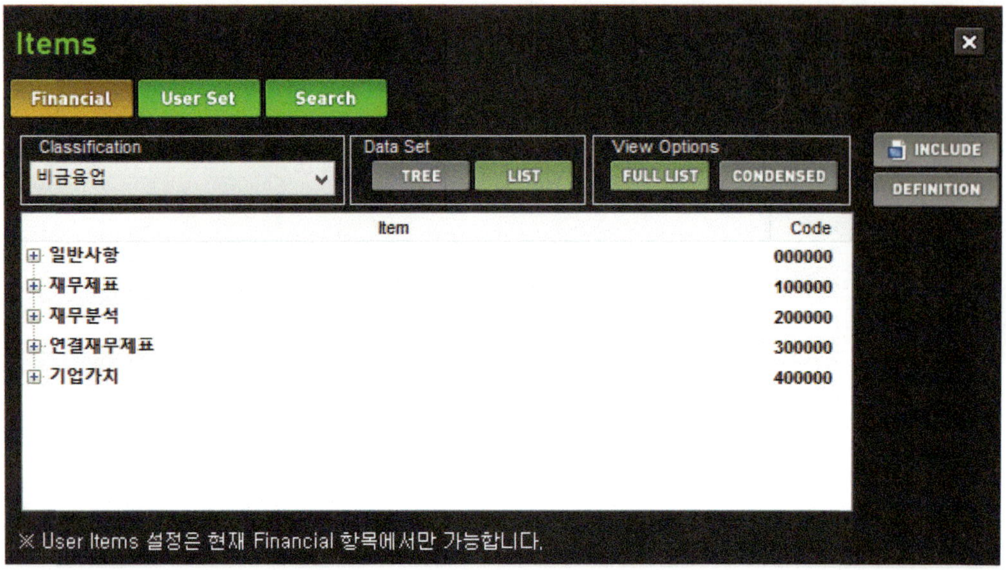

财务报表中点击资产负债表的话，可以查找到如下各个会计科目，同样的方法也可以查找到利润表, 现金流量表等的各个会计科目。

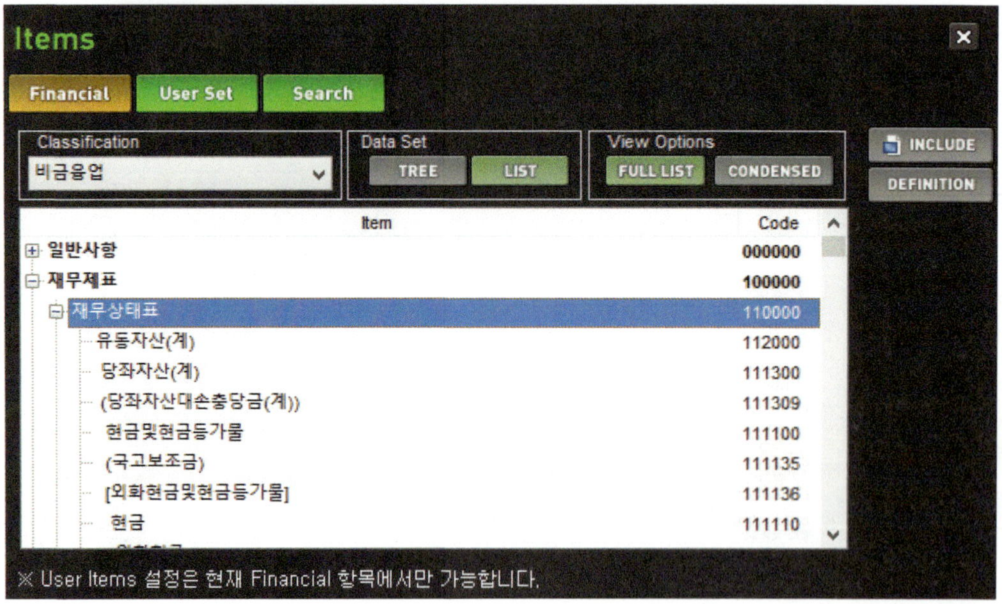

作为参考事项，点击Definition的话，可以了解到各会计科目是如何组成的。以下是通过营业外利润的 Definition可以了解到营业外利润科目的组成要素。

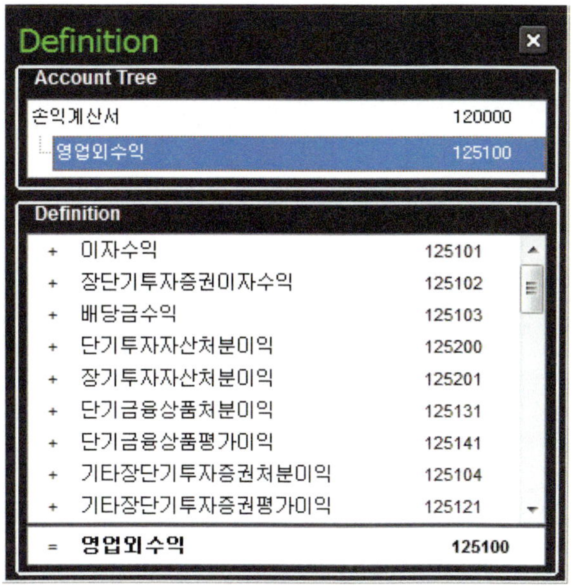

现在选择好要查找的会计科目，点击 INCLUDE后，会计科目会自动转到 Current List。

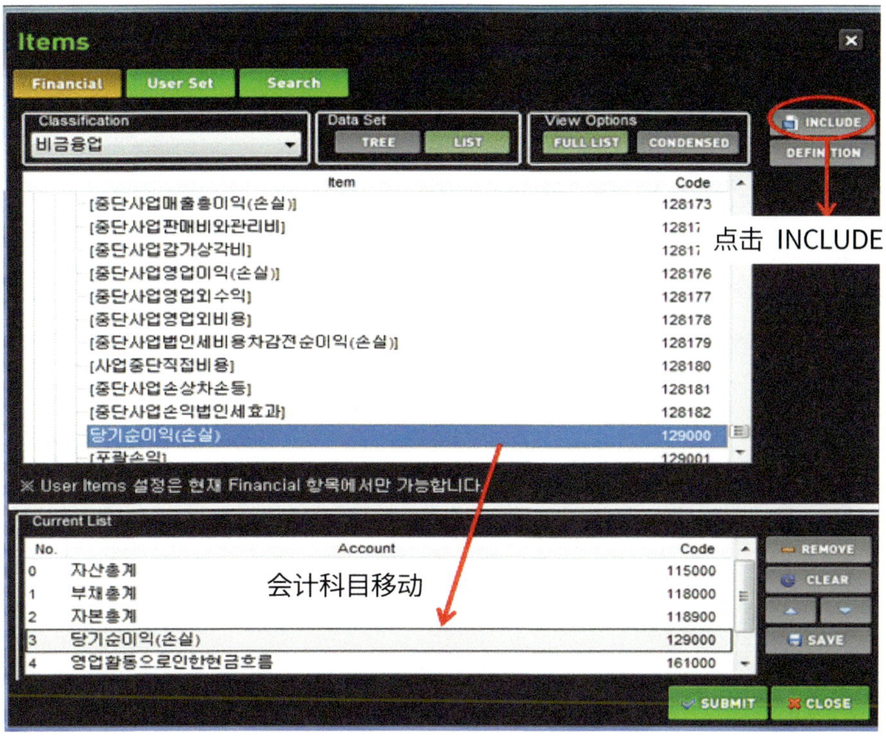

现在把要查找的会计科目全部选取完，**Current List**的项目全部选定后，点击**SAVE**进行保存。

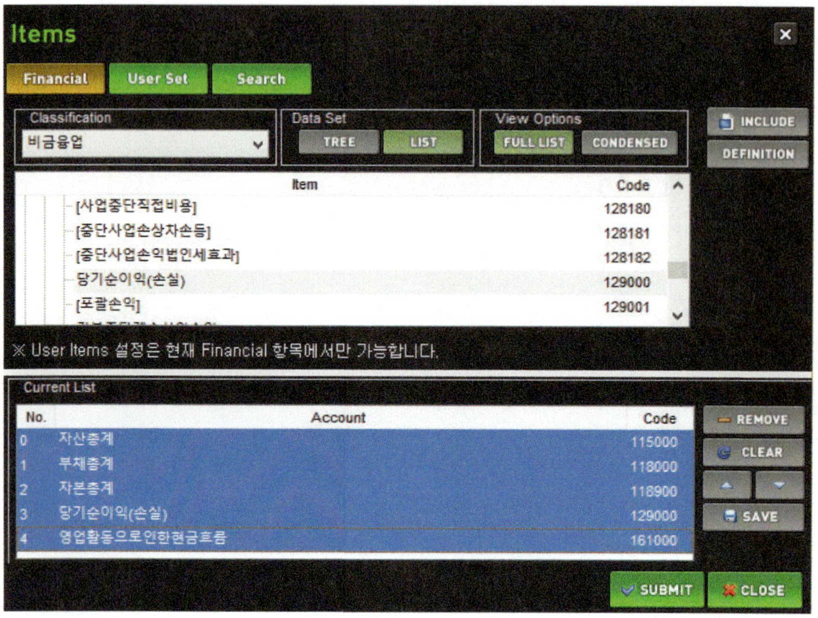

接着出现User Set Name的界面，对文件名命名后可以保存。在本例子中我们将其命名为会计学研究方法论。

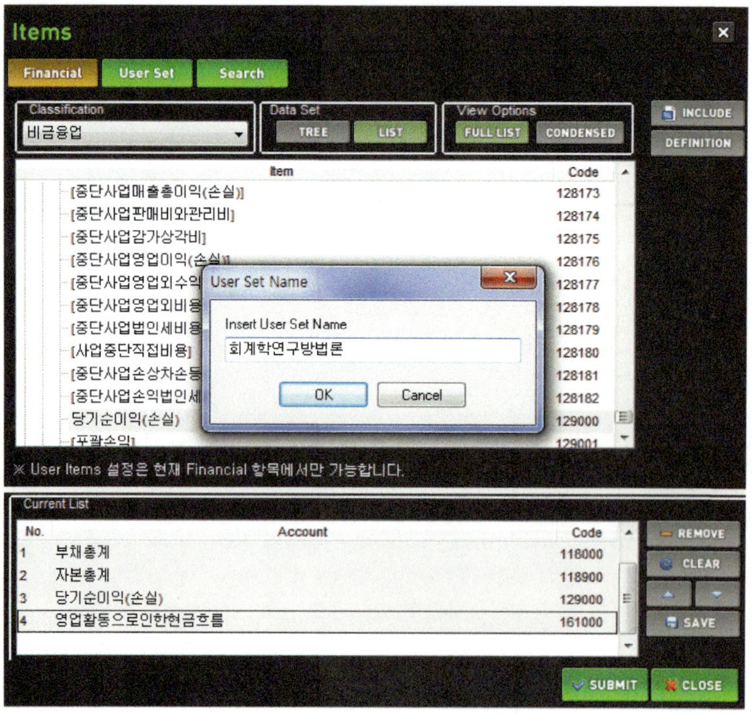

接着，点击 OK后，就会出现如下对话框。

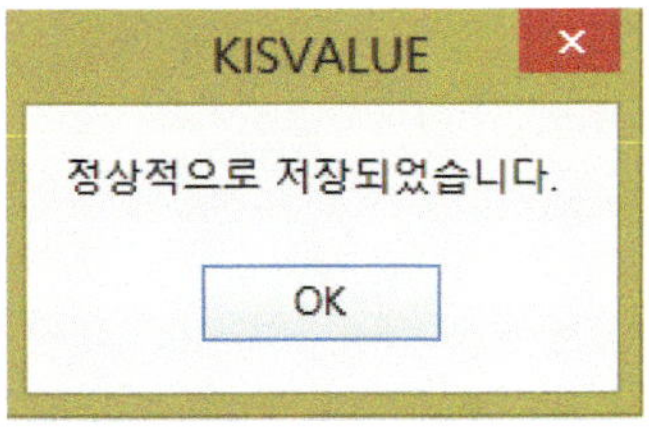

虽然在这个界面上看不到，但是总资产、总负债、净利润(损失)营业现金流的会计科目已经被成功保存了。

接着在Financial的User Set中点击 ▼，就能找到会计学研究方法论的 Set了。

※ 为了识别新的 User set，要从Select Identifiers界面重新开始。所以 Overview也是需要重新选择。

现在通过Shift选定全部的会计科目后，设定报告书种类，开始年度和结束年度。

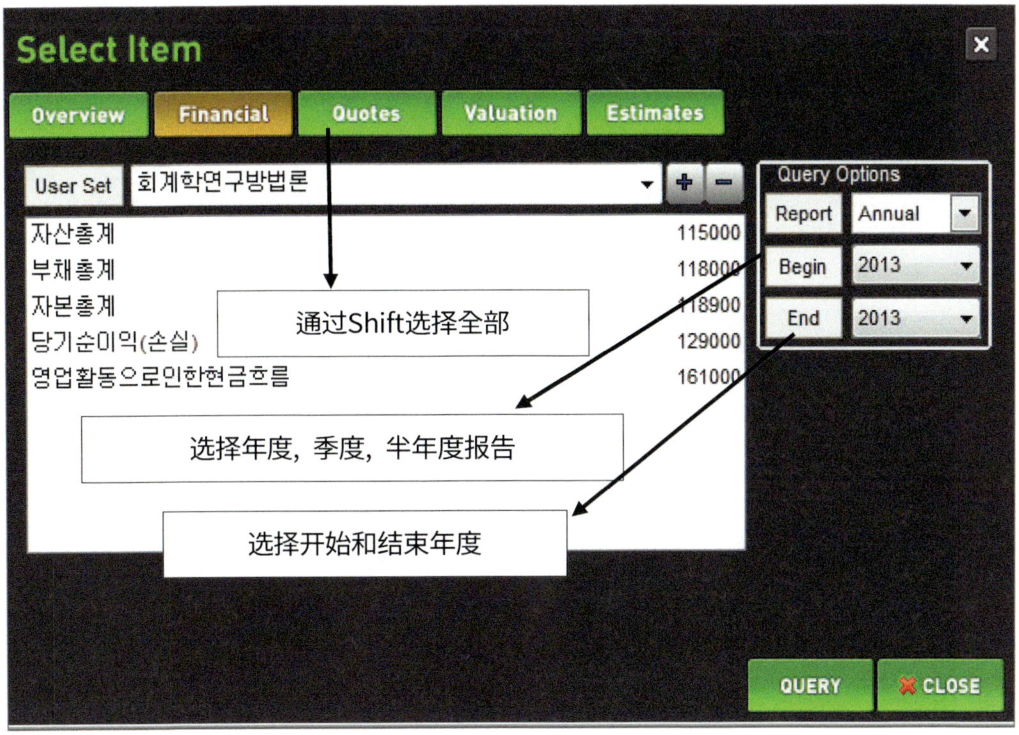

Report和 Begin, End 设定都完成后点击 QUERY。如下所示2013年度各科目的财务资料一并可以导出。

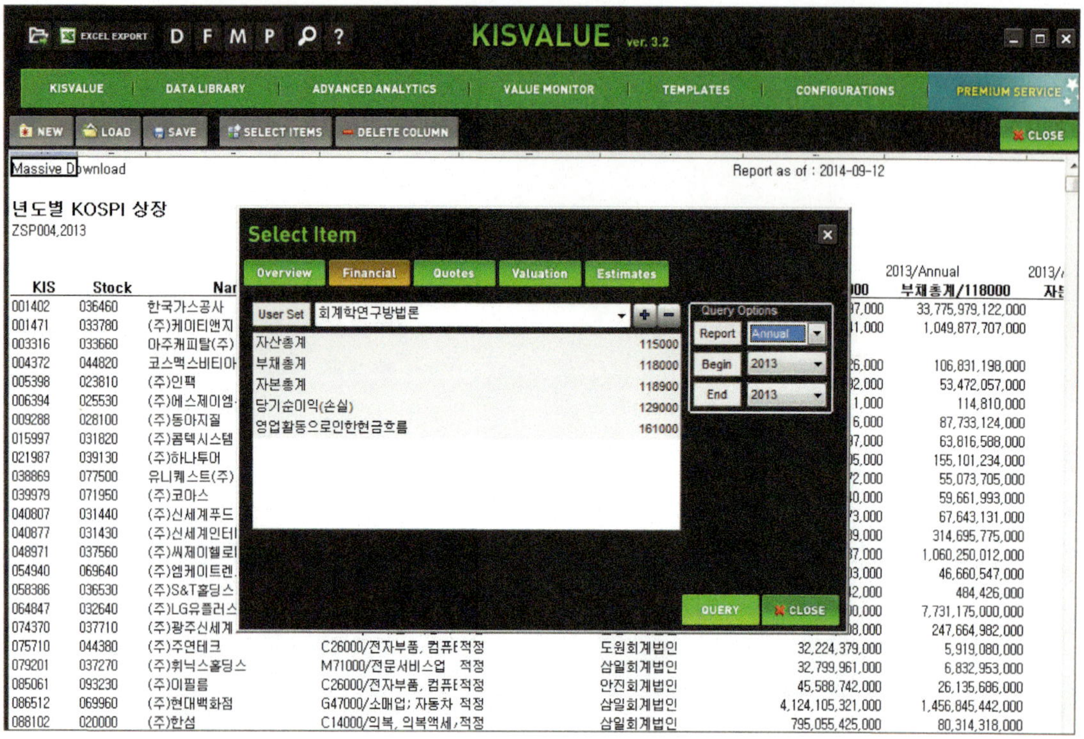

接着，在Select Item中Quotes里面可以查找到与企业的股价有关的资料。

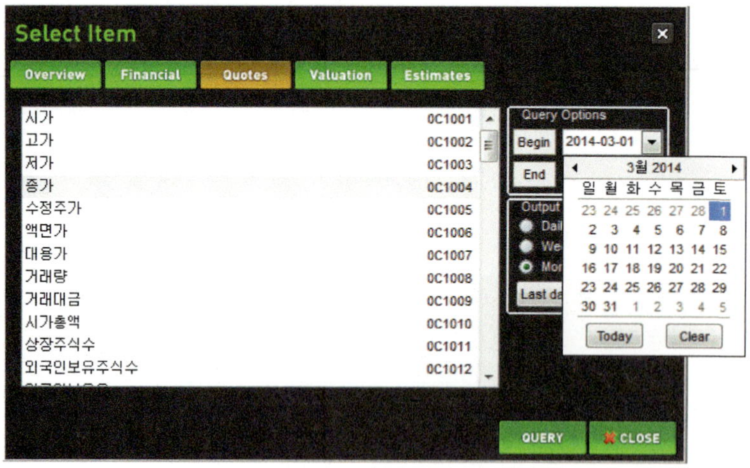

在这里，如要详细查找Options的话，可以在**Query Options**里面选择所需资料的开始日和结束日，在**Output Options**里面选择按日/周/月的资料，最后 对于Monthy资料的情况，可以选择 First day，Middle day，Last day。

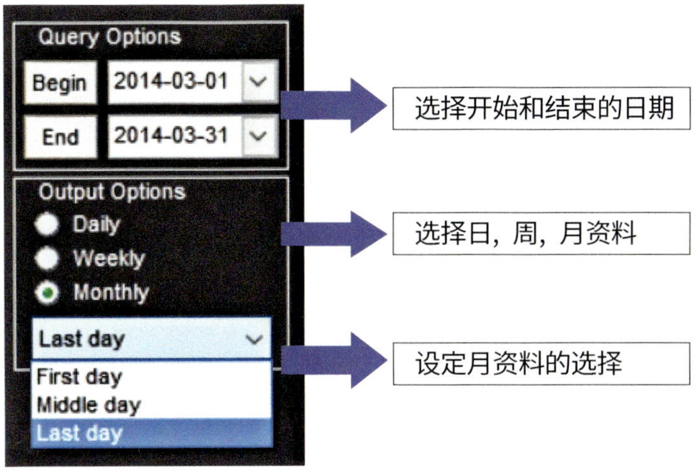

为了查到2014年3月末股价，在**Query Options**里面选择 Begin 2014-03-01，End 2014-03-31，在 **Output Options**里面分别选择 **Monthly，Last day**。

作为参考事项，在**Select Item**中 **Valuation**里面可以找到各企业的各年度的股价相关的资料。在这里，不是日资料，只能找到年度和季度资料。

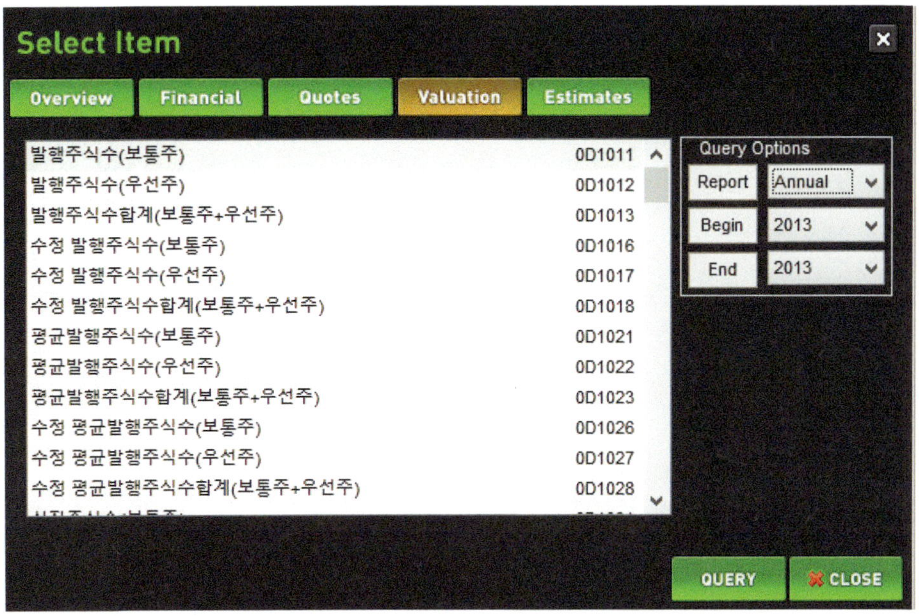

现在我们来了解一下把查找的资料以Excel格式保存的方法。如下所示，点击左上角 **EXCEL EXPORT**，就可以转换为 **Excel**资料了。

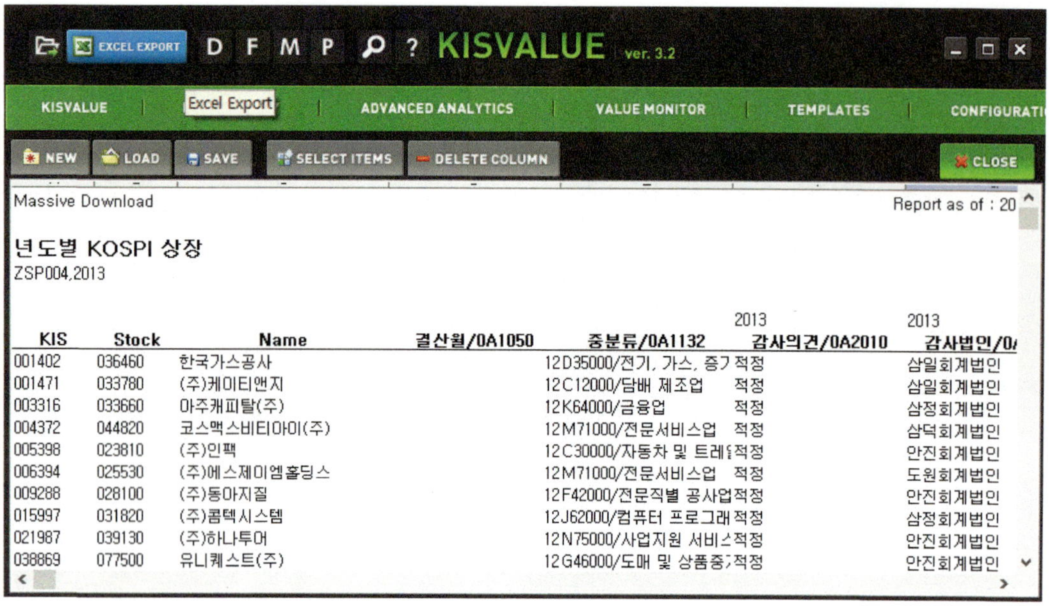

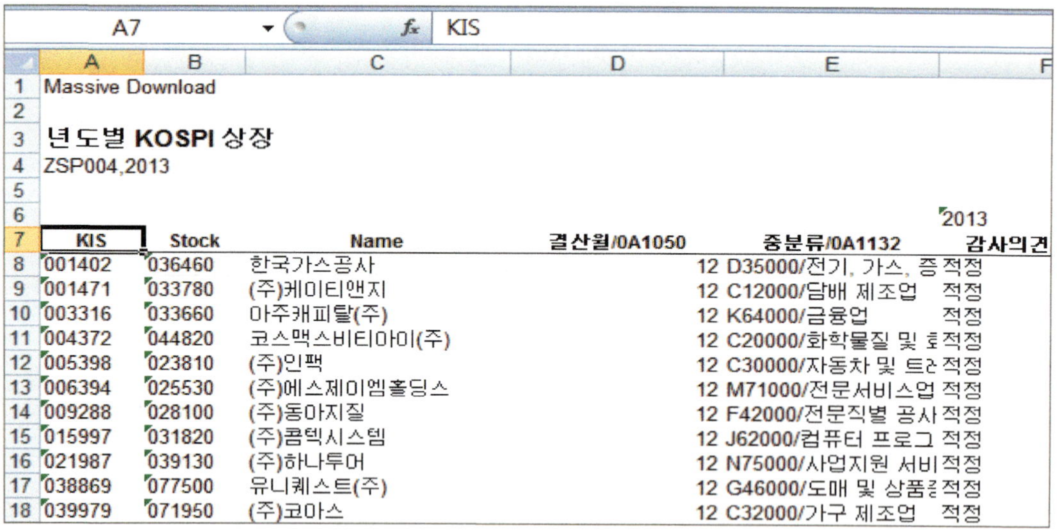

如果要查找2013年度资料以外的其他年度的资料的话，点击如下所示左上角界面的NEW后，在 Select Identifiers里面选择年度，则会按照查找2013年度资料的顺序再执行。

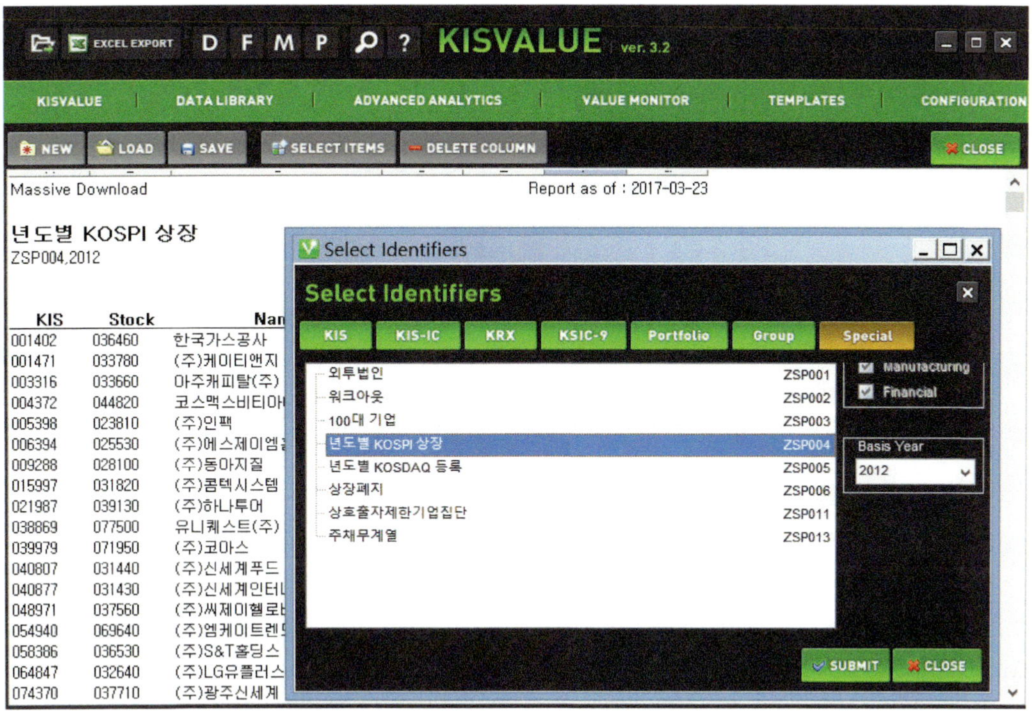

2012年度的资料全都找到的话，把Excel文件保存后可以通过以下的移动/复制，使其移动至2013年度的资料文件中。

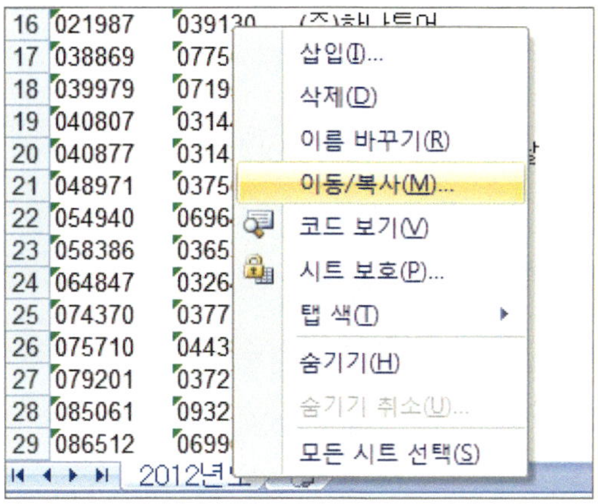

如下所示，把2011年起至2013年度的资料全部保存于Excel文件中。现在为了能在SAS里面使用它，因此有必要对这个文件进行加工。从现在开始，我们来了解一下这个加工的过程。

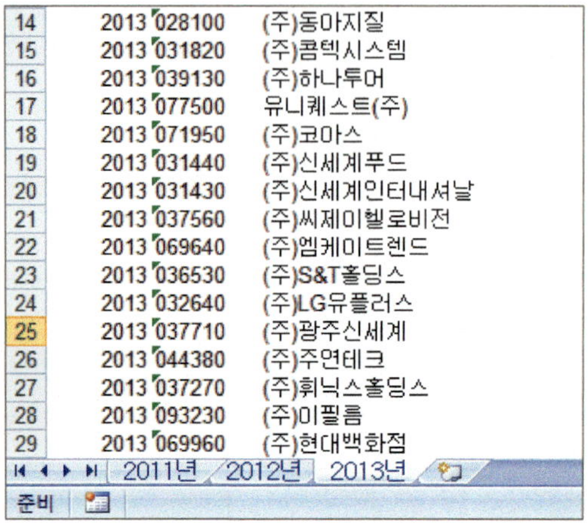

首先，把各年度的Sheet里面的称为KIS的变量名修改为yr，把此列的KIS代码改为各年度变量(2013)。之后，把复制各Sheet的资料全部合到一个Sheet(总合)里面。

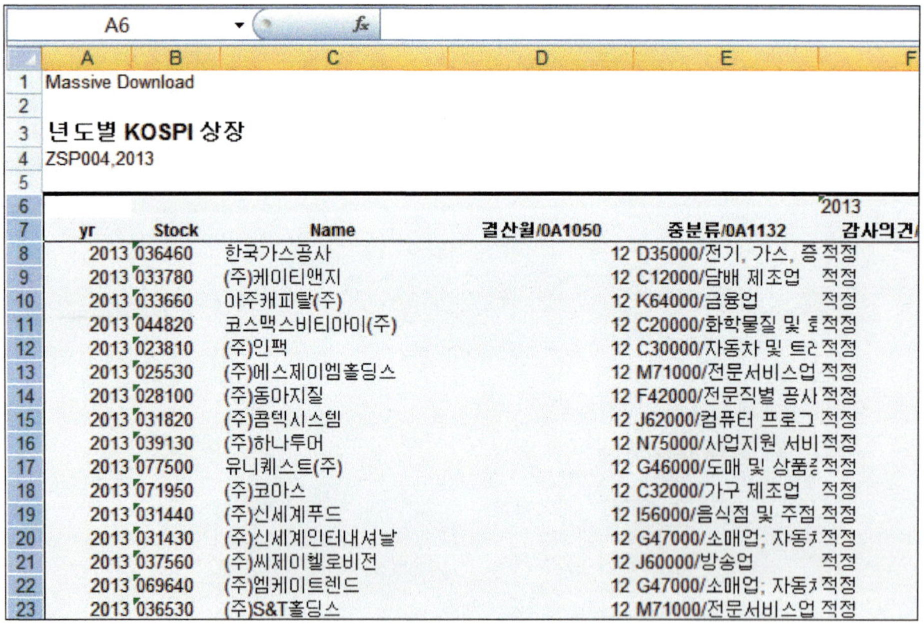

像这样，合在一个Sheet(总合)里面的资料，通过数据–排序这样的程序进行按年度排序的话，我们可以确认各年度资料的顺序是否正确。

如果资料的顺序是正确无误的，那么将下方的变量名删除后，只保留使用第一行的变量名。

A	B	C	D	E	F	G
		2013/Annual	2013/Annual	2013/Annual	2013/Annual	2013/Annual
yr	Stock	자산총계/115000	부채총계/118000	자본총계/118900	당기순이익(손실)/129000	영업활동으로인한현금흐름/161000
yr	Stock	자산총계/115000	부채총계/118000	자본총계/118900	당기순이익(손실)/129000	영업활동으로인한현금흐름/161000
yr	Stock	자산총계/115000	부채총계/118000	자본총계/118900	당기순이익(손실)/129000	영업활동으로인한현금흐름/161000

接着，通过数据–筛选只除外特定的行，我们来加工一下资料。

会计学研究中主要是12月决算法人和行业分类中除外金融业这样的研究样本企业，所以资料的加工是有必要的。对于资料的加工方法，使用Excel比SAS更容易操作，所以通过我们用此方法来对其进行加工。

首先，为了只选择12月决算法人，执行数据–筛选。如下所示，点击决算月变量的筛选后，只不选择12月份的。

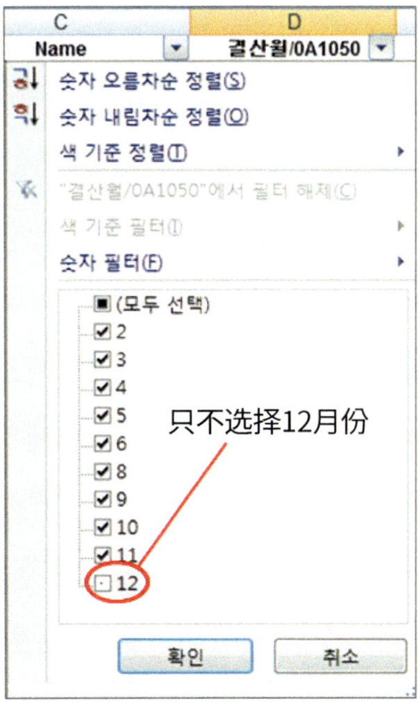

选择除12月份的决算企业以外的企业，通过删除行对其进行删除。

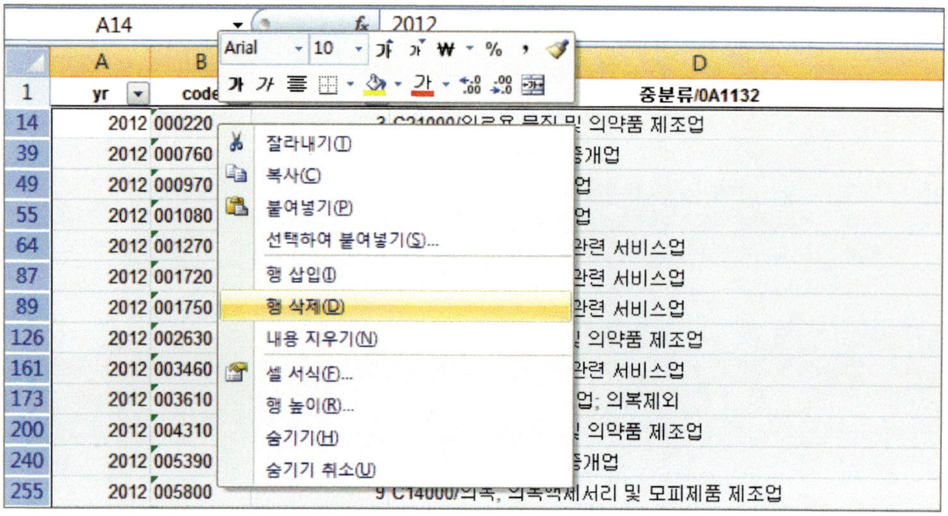

行删除的结果如下，即只保留12月决算法人。

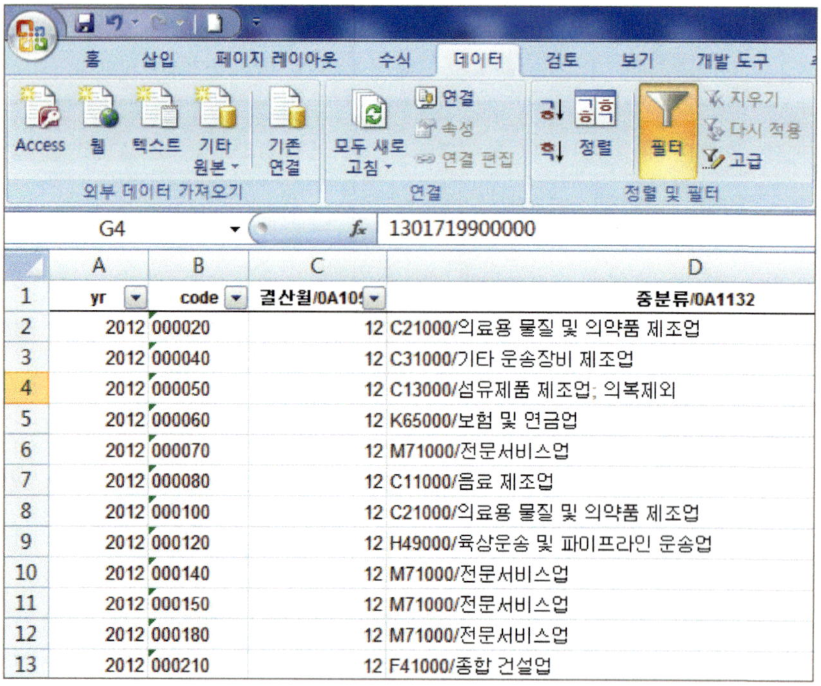

与此相反，在行业分类里面，由于要只除去金融业，所以只需选择金融业然后按照同样的方法删除相对应的行即可。

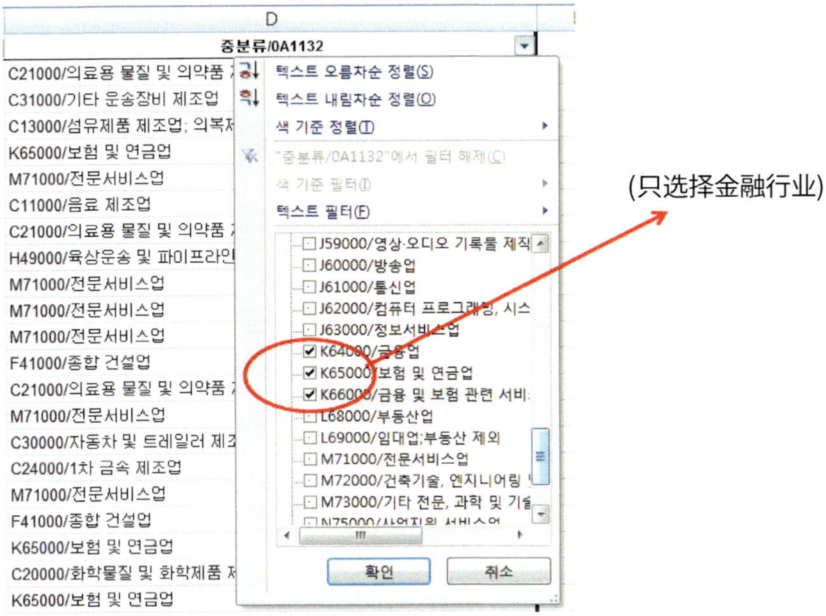

接下来对财务及非财务资料的变量名称全部要用英文字母来设定。

※ SAS不能识别韩文的变量名。

	F	G	H	I	J
1	자산총계/115000	부채총계/118000	자본총계/118900	당기순이익(손실)/129000	종가/0C1004
2			⇩		
3	as	li	bv	e	price
4	324,284,672,000.	97,290,002,000.	226,994,670,000.	1,311,241,000.	6,110.
5	126,906,068,000.	58,801,646,000.	68,104,422,000.	-6,103,632,000.	463.
6	1,301,719,900,000.	631,984,460,000.	669,735,441,000.	-7,074,187,000.	92,900.

* 参考事项:行业分类也要按各行业转换为数字。我们来简单介绍一下这个方法。首先, 点击中分类的表格之后, 选择分开数据–分列。这样的话, 就会出现如下界面。这里, 先选择固定宽度(W), 点击下一步(N)。

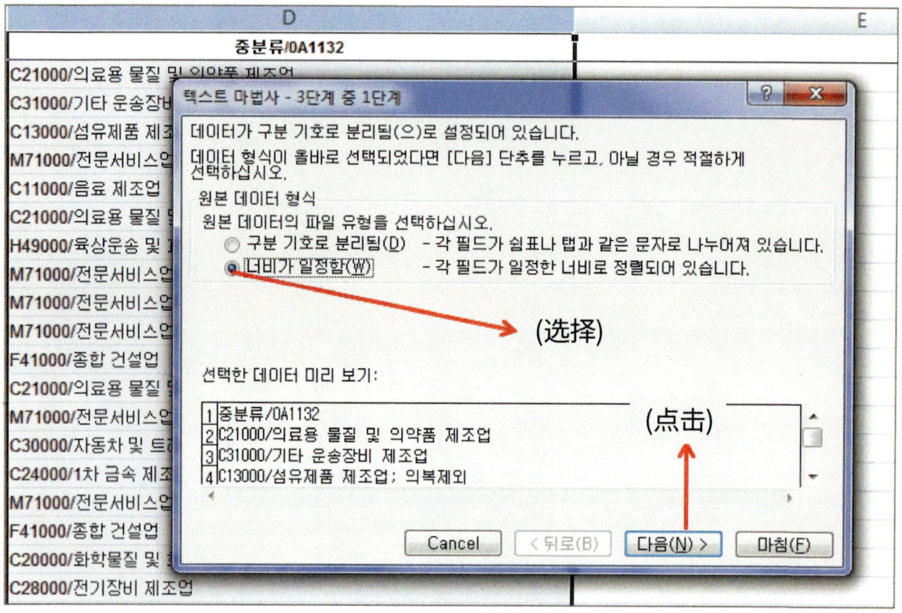

接着, 使箭头移动, 在数字的第二位前后用箭头来标示。

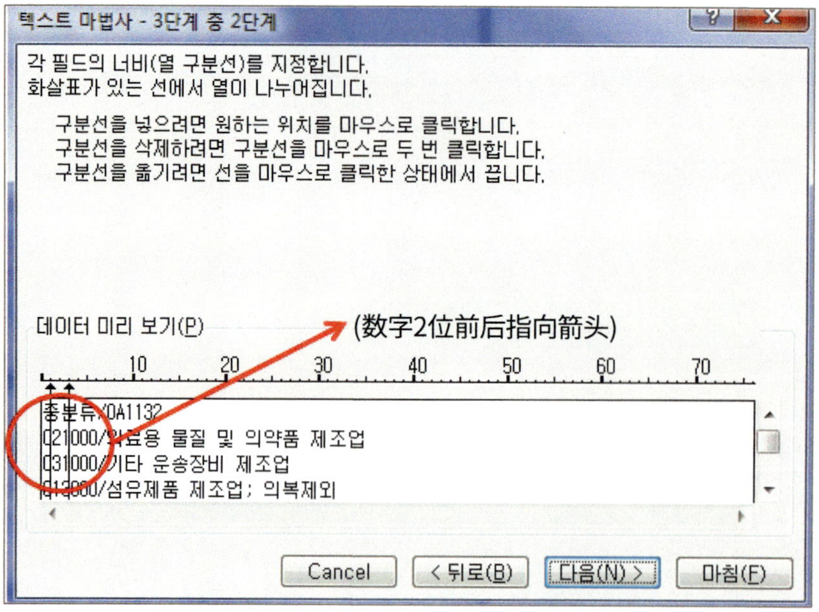

点击下一步(N)的话，就可以分离成如下图所示。这时要注意的点是，E和F列中的变量会被删除，所以 E和 F列前面需要空出来两列。

D	E	F
C	21	000/의료용 물질 및 의약품 제조업
C	31	000/기타 운송장비 제조업
C	13	000/섬유제품 제조업; 의복제외
M	71	000/전문서비스업
C	11	000/음료 제조업
C	21	000/의료용 물질 및 의약품 제조업
H	49	000/육상운송 및 파이프라인 운송업
M	71	000/전문서비스업
M	71	000/전문서비스업
M	71	000/전문서비스업
F	41	000/종합 건설업
C	21	000/의료용 물질 및 의약품 제조업
M	71	000/전문서비스업
C	30	000/자동차 및 트레일러 제조업

如上资料整理全部完成的话,各变量的值在SAS里面要被识别为数字的操作工作是需要。首先, 在空栏里输入 "1"之后, 通过点击右侧鼠标, 选择复制。

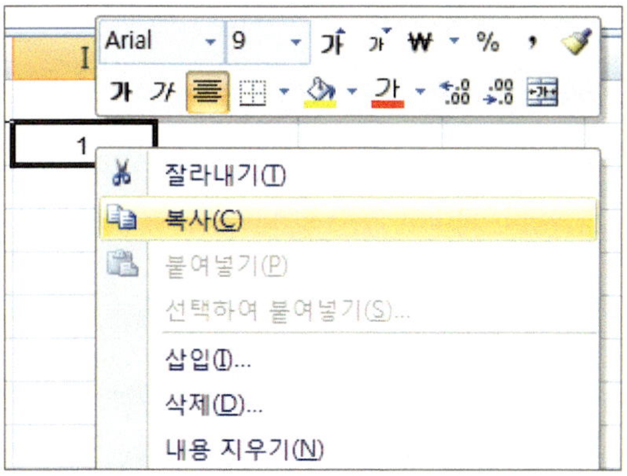

接着下面变量的表格全部选择后，如下图所示，点右键鼠标，点击粘贴。

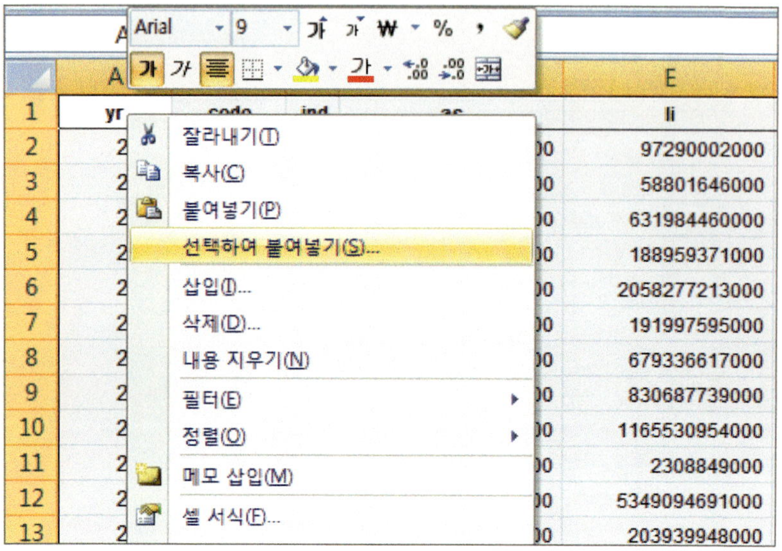

之后，在粘贴里选择全部(A)，连算里面选择乘(M)。

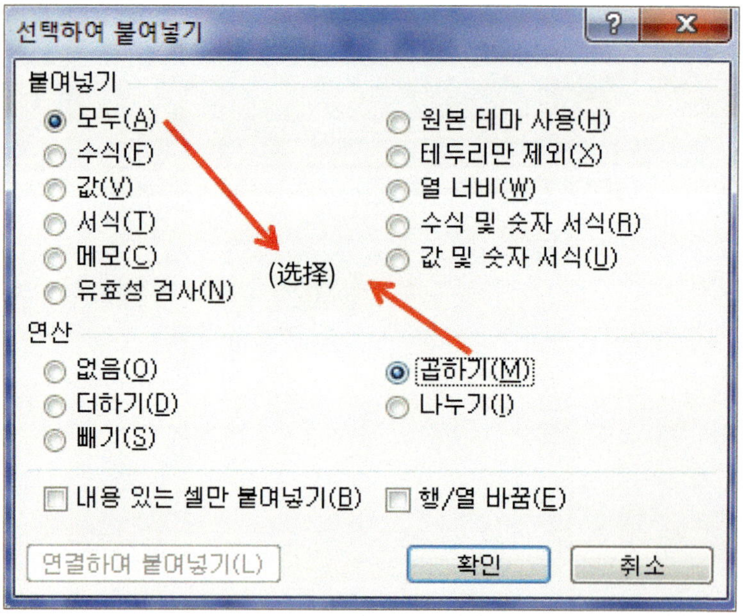

接着是，表格样式里面在范围(C)里面选择数字，负数(N)里面选择-1234。

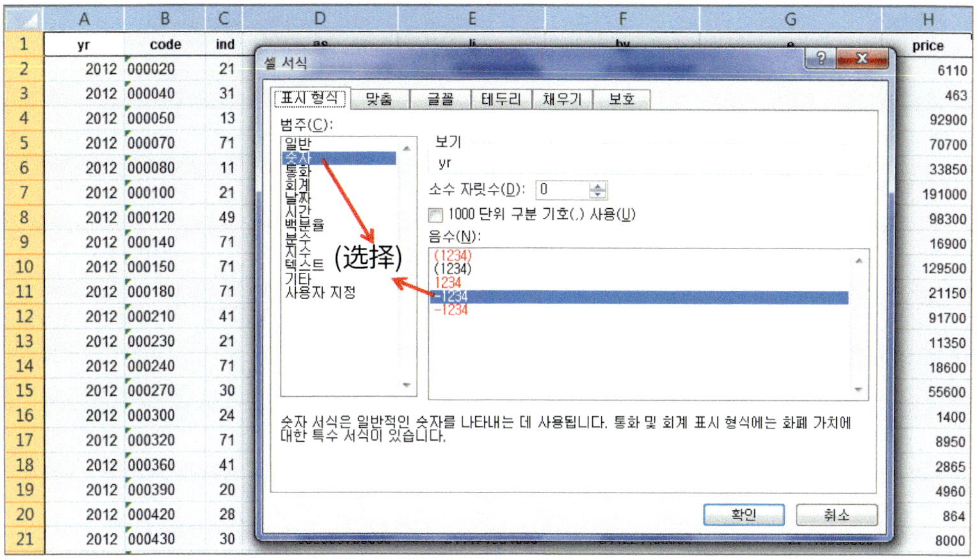

如上这样的操作全部完成的话，此时在SAS里面所有变量就都被识别成数字了。(为了确认，我们可以查看code的前面数字000是否全部消失，各变量的空栏是否显示为0)

	A	B	C	D	E	F	G	H
1	yr	code	ind	as	li	bv	e	price
2	2012	20	21	324284672000	97290002000	226994670000	1311241000	6110
3	2012	40	31	126906068000	58801646000	68104422000	-6103632000	463
4	2012	50	13	1301719900000	631984460000	669735441000	-7074187000	92900
5	2012	70	71	1061522053000	188959371000	872562682000	45873649000	70700
6	2012	80	11	3464862523000	2058277213000	1406585310000	127731388000	33850
7	2012	100	21	1344865199000	191997595000	1152867604000	69573279000	191000
8	2012	120	49	2970388011000	679336617000	2291051393000	71864394000	98300
9	2012	140	71	1780971764000	830687739000	950284025000	196096558000	16900
10	2012	150	71	3149139071000	1165530954000	1983608118000	85407214000	129500

附录 1

正态分布表

Standard Normal Distribution Table

z_0	0.00	0.01	0.02	0.03	0.04	0.05	0.06	0.07	0.08	0.09
0.0	0.0000	0.004	0.008	0.012	0.016	0.0199	0.0239	0.0279	0.0319	0.0359
0.1	0.0398	0.0438	0.0478	0.0517	0.0557	0.0596	0.0636	0.0675	0.0714	0.0753
0.2	0.0793	0.0832	0.0871	0.091	0.0948	0.0987	0.1026	0.1064	0.1103	0.1141
0.3	0.1179	0.1217	0.1255	0.1293	0.1331	0.1368	0.1406	0.1443	0.148	0.1517
0.4	0.1554	0.1591	0.1628	0.1664	0.17	0.1736	0.1772	0.1808	0.1844	0.1879
0.5	0.1915	0.195	0.1985	0.2019	0.2054	0.2088	0.2123	0.2157	0.219	0.2224
0.6	0.2257	0.2291	0.2324	0.2357	0.2389	0.2422	0.2454	0.2486	0.2517	0.2549
0.7	0.258	0.2611	0.2642	0.2673	0.2704	0.2734	0.2764	0.2794	0.2823	0.2852
0.8	0.2881	0.291	0.2939	0.2967	0.2995	0.3023	0.3051	0.3078	0.3106	0.3133
0.9	0.3159	0.3186	0.3212	0.3238	0.3264	0.3289	0.3315	0.334	0.3365	0.3389
1	0.3413	0.3438	0.3461	0.3485	0.3508	0.3531	0.3554	0.3577	0.3599	0.3621
1.1	0.3643	0.3665	0.3686	0.3708	0.3729	0.3749	0.377	0.379	0.381	0.383
1.2	0.3849	0.3869	0.3888	0.3907	0.3925	0.3944	0.3962	0.398	0.3997	0.4015
1.3	0.4032	0.4049	0.4066	0.4082	0.4099	0.4115	0.4131	0.4147	0.4162	0.4177
1.4	0.4192	0.4207	0.4222	0.4236	0.4251	0.4265	0.4279	0.4292	0.4306	0.4319
1.5	0.4332	0.4345	0.4357	0.437	0.4382	0.4394	0.4406	0.4418	0.4429	0.4441
1.6	0.4452	0.4463	0.4474	0.4484	0.4495	0.4505	0.4515	0.4525	0.4535	0.4545
1.7	0.4554	0.4564	0.4573	0.4582	0.4591	0.4599	0.4608	0.4616	0.4625	0.4633
1.8	0.4641	0.4649	0.4656	0.4664	0.4671	0.4678	0.4686	0.4693	0.4699	0.4706
1.9	0.4713	0.4719	0.4726	0.4732	0.4738	0.4744	0.475	0.4756	0.4761	0.4767
2	0.4772	0.4778	0.4783	0.4788	0.4793	0.4798	0.4803	0.4808	0.4812	0.4817
2.1	0.4821	0.4826	0.483	0.4834	0.4838	0.4842	0.4846	0.485	0.4854	0.4857
2.2	0.4861	0.4864	0.4868	0.4871	0.4875	0.4878	0.4881	0.4884	0.4887	0.489
2.3	0.4893	0.4896	0.4898	0.4901	0.4904	0.4906	0.4909	0.4911	0.4913	0.4916
2.4	0.4918	0.492	0.4922	0.4925	0.4927	0.4929	0.4931	0.4932	0.4934	0.4936
2.5	0.4938	0.494	0.4941	0.4943	0.4945	0.4946	0.4948	0.4949	0.4951	0.4952
2.6	0.4953	0.4955	0.4956	0.4957	0.4959	0.496	0.4961	0.4962	0.4963	0.4964
2.7	0.4965	0.4966	0.4967	0.4968	0.4969	0.497	0.4971	0.4972	0.4973	0.4974
2.8	0.4974	0.4975	0.4976	0.4977	0.4977	0.4978	0.4979	0.4979	0.498	0.4981
2.9	0.4981	0.4982	0.4982	0.4983	0.4984	0.4984	0.4985	0.4985	0.4986	0.4986
3	0.4987	0.4987	0.4987	0.4988	0.4988	0.4989	0.4989	0.4989	0.4990	0.4990

附录 2

t-分布表

t-Distribution Table

自由度	0.4	0.25	0.1	0.05	0.025	0.01	0.005
1	0.3249	1.0000	3.0777	6.3138	12.7062	31.8205	63.6567
2	0.2887	0.8165	1.8856	2.9200	4.3027	6.9646	9.9248
3	0.2767	0.7649	1.6377	2.3534	3.1825	4.5407	5.8409
4	0.2707	0.7407	1.5332	2.1318	2.7765	3.7470	4.6041
5	0.2672	0.7267	1.4759	2.0150	2.5706	3.3649	4.0321
6	0.2648	0.7176	1.4398	1.9432	2.4469	3.1427	3.7074
7	0.2632	0.7111	1.4149	1.8946	2.3646	2.9980	3.4995
8	0.2619	0.7064	1.3968	1.8595	2.3060	2.8965	3.3554
9	0.2610	0.7027	1.3830	1.8331	2.2622	2.8214	3.2498
10	0.2602	0.6998	1.3722	1.8125	2.2281	2.7638	3.1693
11	0.2596	0.6974	1.3634	1.7959	2.2010	2.7181	3.1058
12	0.2590	0.6955	1.3562	1.7823	2.1788	2.6810	3.0545
13	0.2586	0.6938	1.3502	1.7709	2.1604	2.6503	3.0123
14	0.2582	0.6924	1.3450	1.7613	2.1448	2.6245	2.9768
15	0.2579	0.6912	1.3406	1.7531	2.1315	2.6025	2.9467
16	0.2576	0.6901	1.3368	1.7459	2.1199	2.5835	2.9208
17	0.2573	0.6892	1.3334	1.7396	2.1098	2.5669	2.8982
18	0.2571	0.6884	1.3304	1.7341	2.1009	2.5524	2.8784
19	0.2569	0.6876	1.3277	1.7291	2.0930	2.5395	2.8609
20	0.2567	0.6870	1.3253	1.7247	2.0860	2.5280	2.8453
21	0.2566	0.6864	1.3232	1.7207	2.0796	2.5177	2.8314
22	0.2564	0.6858	1.3212	1.7171	2.0739	2.5083	2.8188
23	0.2563	0.6853	1.3195	1.7139	2.0687	2.4999	2.8073
24	0.2562	0.6849	1.3178	1.7109	2.0639	2.4922	2.7969
25	0.2561	0.6844	1.3163	1.7081	2.0595	2.4851	2.7874
26	0.2560	0.6840	1.3150	1.7056	2.0555	2.4786	2.7787
27	0.2559	0.6837	1.3137	1.7033	2.0518	2.4727	2.7707
28	0.2558	0.6834	1.3125	1.7011	2.0484	2.4671	2.7633
29	0.2557	0.6830	1.3114	1.6991	2.0452	2.4620	2.7564
30	0.2556	0.6828	1.3104	1.6973	2.0423	2.4573	2.7500
inf	0.2533	0.6745	1.2816	1.6449	1.9600	2.3264	2.5758

附录 3

卡方(χ^2) 分布表

Chi-square Distribution Table

自由度	0.995	0.99	0.975	0.95	0.9	0.1	0.05	0.025	0.01	0.005
1	0.0000	0.0002	0.0010	0.0039	0.0158	2.7055	3.8415	5.0239	6.6349	7.8794
2	0.0100	0.0201	0.0506	0.1026	0.2107	4.6052	5.9915	7.3778	9.2103	10.5966
3	0.0717	0.1148	0.2158	0.3519	0.5844	6.2514	7.8147	9.3484	11.3449	12.8382
4	0.2070	0.2971	0.4844	0.7107	1.0636	7.7794	9.4877	11.1433	13.2767	14.8603
5	0.4117	0.5543	0.8312	1.1455	1.6103	9.2364	11.0705	12.8325	15.0863	16.7496
6	0.6757	0.8721	1.2373	1.6354	2.2041	10.6446	12.5916	14.4494	16.8119	18.5476
7	0.9893	1.2390	1.6899	2.1674	2.8331	12.0170	14.0671	16.0128	18.4753	20.2777
8	1.3444	1.6465	2.1797	2.7326	3.4895	13.3616	15.5073	17.5346	20.0902	21.9550
9	1.7349	2.0879	2.7004	3.3251	4.1682	14.6837	16.9190	19.0228	21.6660	23.5894
10	2.1559	2.5582	3.2470	3.9403	4.8652	15.9872	18.3070	20.4832	23.2093	25.1882
11	2.6032	3.0535	3.8158	4.5748	5.5778	17.2750	19.6751	21.9201	24.7250	26.7569
12	3.0738	3.5706	4.4038	5.2260	6.3038	18.5494	21.0261	23.3367	26.2170	28.2995
13	3.5650	4.1069	5.0088	5.8919	7.0415	19.8119	22.3620	24.7356	27.6883	29.8195
14	4.0747	4.6604	5.6287	6.5706	7.7895	21.0641	23.6848	26.1190	29.1412	31.3194
15	4.6009	5.2294	6.2621	7.2609	8.5468	22.3071	24.9958	27.4884	30.5779	32.8013
16	5.1422	5.8122	6.9077	7.9617	9.3122	23.5418	26.2962	28.8454	31.9999	34.2672
17	5.6972	6.4078	7.5642	8.6718	10.0852	24.7690	27.5871	30.1910	33.4087	35.7185
18	6.2648	7.0149	8.2308	9.3905	10.8649	25.9894	28.8693	31.5264	34.8053	37.1565
19	6.8440	7.6327	8.9065	10.1170	11.6509	27.2036	30.1435	32.8523	36.1909	38.5823
20	7.4338	8.2604	9.5908	10.8508	12.4426	28.4120	31.4104	34.1696	37.5662	39.9969
21	8.0337	8.8972	10.2829	11.5913	13.2396	29.6151	32.6706	35.4789	38.9322	41.4011
22	8.6427	9.5425	10.9823	12.3380	14.0415	30.8133	33.9244	36.7807	40.2894	42.7957
23	9.2604	10.1957	11.6886	13.0905	14.8480	32.0069	35.1725	38.0756	41.6384	44.1813
24	9.8862	10.8564	12.4012	13.8484	15.6587	33.1962	36.4150	39.3641	42.9798	45.5585
25	10.5197	11.5240	13.1197	14.6114	16.4734	34.3816	37.6525	40.6465	44.3141	46.9279
26	11.1602	12.1982	13.8439	15.3792	17.2919	35.5632	38.8851	41.9232	45.6417	48.2899
27	11.8076	12.8785	14.5734	16.1514	18.1139	36.7412	40.1133	43.1945	46.9629	49.6449
28	12.4613	13.5647	15.3079	16.9279	18.9392	37.9159	41.3371	44.4608	48.2782	50.9934
29	13.1212	14.2565	16.0471	17.7084	19.7677	39.0875	42.5570	45.7223	49.5879	52.3356
30	13.7867	14.9535	16.7908	18.4927	20.5992	40.2560	43.7730	46.9792	50.8922	53.6720

附录 4-1

F-分布表(α = 0.10)
F-Distribution Table

自由度	1	2	3	4	5	6	7	8	9	10
1	39.8635	49.5000	53.5932	55.8330	57.2401	58.2044	58.9060	59.4390	59.8576	60.1950
2	8.5263	9.0000	9.1618	9.2434	9.2926	9.3255	9.3491	9.3668	9.3805	9.3916
3	5.5383	5.4624	5.3908	5.3426	5.3092	5.2847	5.2662	5.2517	5.2400	5.2304
4	4.5448	4.3246	4.1909	4.1073	4.0506	4.0098	3.9790	3.9549	3.9357	3.9199
5	4.0604	3.7797	3.6195	3.5202	3.4530	3.4045	3.3679	3.3393	3.3163	3.2974
6	3.7760	3.4633	3.2888	3.1808	3.1075	3.0546	3.0145	2.9830	2.9577	2.9369
7	3.5894	3.2574	3.0741	2.9605	2.8833	2.8274	2.7849	2.7516	2.7247	2.7025
8	3.4579	3.1131	2.9238	2.8064	2.7265	2.6683	2.6241	2.5894	2.5612	2.5380
9	3.3603	3.0065	2.8129	2.6927	2.6106	2.5509	2.5053	2.4694	2.4403	2.4163
10	3.2850	2.9245	2.7277	2.6053	2.5216	2.4606	2.4140	2.3772	2.3473	2.3226
11	3.2252	2.8595	2.6602	2.5362	2.4512	2.3891	2.3416	2.3040	2.2735	2.2482
12	3.1766	2.8068	2.6055	2.4801	2.3940	2.3310	2.2828	2.2446	2.2135	2.1878
13	3.1362	2.7632	2.5603	2.4337	2.3467	2.2830	2.2341	2.1954	2.1638	2.1376
14	3.1022	2.7265	2.5222	2.3947	2.3069	2.2426	2.1931	2.1539	2.1220	2.0954
15	3.0732	2.6952	2.4898	2.3614	2.2730	2.2081	2.1582	2.1185	2.0862	2.0593
16	3.0481	2.6682	2.4618	2.3327	2.2438	2.1783	2.1280	2.0880	2.0553	2.0282
17	3.0262	2.6446	2.4374	2.3078	2.2183	2.1524	2.1017	2.0613	2.0284	2.0009
18	3.0070	2.6240	2.4160	2.2858	2.1958	2.1296	2.0785	2.0379	2.0047	1.9770
19	2.9899	2.6056	2.3970	2.2663	2.1760	2.1094	2.0580	2.0171	1.9836	1.9557
20	2.9747	2.5893	2.3801	2.2489	2.1582	2.0913	2.0397	1.9985	1.9649	1.9367
21	2.9610	2.5746	2.3649	2.2333	2.1423	2.0751	2.0233	1.9819	1.9480	1.9197
22	2.9486	2.5613	2.3512	2.2193	2.1279	2.0605	2.0084	1.9668	1.9327	1.9043
23	2.9374	2.5493	2.3387	2.2065	2.1149	2.0472	1.9949	1.9531	1.9189	1.8903
24	2.9271	2.5383	2.3274	2.1949	2.1030	2.0351	1.9826	1.9407	1.9063	1.8775
25	2.9177	2.5283	2.3170	2.1842	2.0922	2.0241	1.9714	1.9293	1.8947	1.8658
26	2.9091	2.5191	2.3075	2.1745	2.0822	2.0139	1.9610	1.9188	1.8841	1.8550
27	2.9012	2.5106	2.2987	2.1655	2.0730	2.0045	1.9515	1.9091	1.8743	1.8451
28	2.8939	2.5028	2.2906	2.1571	2.0645	1.9959	1.9427	1.9001	1.8652	1.8359
29	2.8870	2.4955	2.2831	2.1494	2.0566	1.9878	1.9345	1.8918	1.8568	1.8274
30	2.8807	2.4887	2.2761	2.1422	2.0493	1.9803	1.9269	1.8841	1.8490	1.8195
∞	2.7055	2.3026	2.0838	1.9449	1.8473	1.7741	1.7167	1.6702	1.6315	1.5987

附录 4-2

F-分布表(α = 0.10)
F-Distribution Table

自由度	12	15	20	24	30	40	60	120	∞
1	60.7052	61.2203	61.7403	62.0021	62.2650	62.5291	62.7943	63.0606	63.3281
2	9.4081	9.4247	9.4413	9.4496	9.4579	9.4662	9.4746	9.4829	9.4912
3	5.2156	5.2003	5.1845	5.1764	5.1681	5.1597	5.1512	5.1425	5.1337
4	3.8955	3.8704	3.8443	3.8310	3.8174	3.8036	3.7896	3.7753	3.7607
5	3.2682	3.2380	3.2067	3.1905	3.1741	3.1573	3.1402	3.1228	3.1050
6	2.9047	2.8712	2.8363	2.8183	2.8000	2.7812	2.7620	2.7423	2.7222
7	2.6681	2.6322	2.5947	2.5753	2.5555	2.5351	2.5142	2.4928	2.4708
8	2.5020	2.4642	2.4246	2.4041	2.3830	2.3614	2.3391	2.3162	2.2926
9	2.3789	2.3396	2.2983	2.2768	2.2547	2.2320	2.2085	2.1843	2.1592
10	2.2841	2.2435	2.2007	2.1784	2.1554	2.1317	2.1072	2.0818	2.0554
11	2.2087	2.1671	2.1231	2.1000	2.0762	2.0516	2.0261	1.9997	1.9721
12	2.1474	2.1049	2.0597	2.0360	2.0115	1.9861	1.9597	1.9323	1.9036
13	2.0966	2.0532	2.0070	1.9827	1.9576	1.9315	1.9043	1.8759	1.8462
14	2.0537	2.0095	1.9625	1.9377	1.9119	1.8852	1.8572	1.8280	1.7973
15	2.0171	1.9722	1.9243	1.8990	1.8728	1.8454	1.8168	1.7867	1.7551
16	1.9854	1.9399	1.8913	1.8656	1.8388	1.8108	1.7816	1.7508	1.7182
17	1.9577	1.9117	1.8624	1.8362	1.8090	1.7805	1.7506	1.7191	1.6856
18	1.9333	1.8868	1.8369	1.8104	1.7827	1.7537	1.7232	1.6910	1.6567
19	1.9117	1.8647	1.8142	1.7873	1.7592	1.7298	1.6988	1.6659	1.6308
20	1.8924	1.8449	1.7938	1.7667	1.7382	1.7083	1.6768	1.6433	1.6074
21	1.8750	1.8272	1.7756	1.7481	1.7193	1.6890	1.6569	1.6228	1.5862
22	1.8593	1.8111	1.7590	1.7312	1.7021	1.6714	1.6389	1.6042	1.5668
23	1.8450	1.7964	1.7439	1.7159	1.6864	1.6554	1.6224	1.5871	1.5490
24	1.8319	1.7831	1.7302	1.7019	1.6721	1.6407	1.6073	1.5715	1.5327
25	1.8200	1.7708	1.7175	1.6890	1.6590	1.6272	1.5934	1.5570	1.5176
26	1.8090	1.7596	1.7059	1.6771	1.6468	1.6147	1.5805	1.5437	1.5036
27	1.7989	1.7492	1.6951	1.6662	1.6356	1.6032	1.5686	1.5313	1.4906
28	1.7895	1.7395	1.6852	1.6560	1.6252	1.5925	1.5575	1.5198	1.4784
29	1.7808	1.7306	1.6759	1.6466	1.6155	1.5825	1.5472	1.5090	1.4670
30	1.7727	1.7223	1.6673	1.6377	1.6065	1.5732	1.5376	1.4989	1.4564
∞	1.5458	1.4871	1.4206	1.3832	1.3419	1.2951	1.2400	1.1686	1.0000

附录 5-1

F-分布表(α = 0.01)
F-Distribution Table

自由度	1	2	3	4	5	6	7	8	9	10
1	4052.18	4999.50	5403.35	5624.58	5763.65	5858.99	5928.36	5981.07	6022.47	6055.85
2	98.503	99.000	99.166	99.249	99.299	99.333	99.356	99.374	99.388	99.399
3	34.116	30.817	29.457	28.710	28.237	27.911	27.672	27.489	27.345	27.229
4	21.198	18.000	16.694	15.977	15.522	15.207	14.976	14.799	14.659	14.546
5	16.258	13.274	12.060	11.392	10.967	10.672	10.456	10.289	10.158	10.051
6	13.745	10.925	9.780	9.148	8.746	8.466	8.260	8.102	7.976	7.874
7	12.246	9.547	8.451	7.847	7.460	7.191	6.993	6.840	6.719	6.620
8	11.259	8.649	7.591	7.006	6.632	6.371	6.178	6.029	5.911	5.814
9	10.561	8.022	6.992	6.422	6.057	5.802	5.613	5.467	5.351	5.257
10	10.044	7.559	6.552	5.994	5.636	5.386	5.200	5.057	4.942	4.849
11	9.646	7.206	6.217	5.668	5.316	5.069	4.886	4.744	4.632	4.539
12	9.330	6.927	5.953	5.412	5.064	4.821	4.640	4.499	4.388	4.296
13	9.074	6.701	5.739	5.205	4.862	4.620	4.441	4.302	4.191	4.100
14	8.862	6.515	5.564	5.035	4.695	4.456	4.278	4.140	4.030	3.939
15	8.683	6.359	5.417	4.893	4.556	4.318	4.142	4.004	3.895	3.805
16	8.531	6.226	5.292	4.773	4.437	4.202	4.026	3.890	3.780	3.691
17	8.400	6.112	5.185	4.669	4.336	4.102	3.927	3.791	3.682	3.593
18	8.285	6.013	5.092	4.579	4.248	4.015	3.841	3.705	3.597	3.508
19	8.185	5.926	5.010	4.500	4.171	3.939	3.765	3.631	3.523	3.434
20	8.096	5.849	4.938	4.431	4.103	3.871	3.699	3.564	3.457	3.368
21	8.017	5.780	4.874	4.369	4.042	3.812	3.640	3.506	3.398	3.310
22	7.945	5.719	4.817	4.313	3.988	3.758	3.587	3.453	3.346	3.258
23	7.881	5.664	4.765	4.264	3.939	3.710	3.539	3.406	3.299	3.211
24	7.823	5.614	4.718	4.218	3.895	3.667	3.496	3.363	3.256	3.168
25	7.770	5.568	4.675	4.177	3.855	3.627	3.457	3.324	3.217	3.129
26	7.721	5.526	4.637	4.140	3.818	3.591	3.421	3.288	3.182	3.094
27	7.677	5.488	4.601	4.106	3.785	3.558	3.388	3.256	3.149	3.062
28	7.636	5.453	4.568	4.074	3.754	3.528	3.358	3.226	3.120	3.032
29	7.598	5.420	4.538	4.045	3.725	3.499	3.330	3.198	3.092	3.005
30	7.562	5.390	4.510	4.018	3.699	3.473	3.304	3.173	3.067	2.979
∞	7.314	5.179	4.313	3.828	3.514	3.291	3.124	2.993	2.888	2.801

附录 5-2

F-分布表(α = 0.01)
F-Distribution Table

自由度	12	15	20	24	30	40	60	120	∞
1	6106.32	6157.29	6208.73	6234.63	6260.65	6286.78	6313.03	6339.39	6365.86
2	99.416	99.433	99.449	99.458	99.466	99.474	99.482	99.491	99.499
3	27.052	26.872	26.690	26.598	26.505	26.411	26.316	26.221	26.125
4	14.374	14.198	14.020	13.929	13.838	13.745	13.652	13.558	13.463
5	9.888	9.722	9.553	9.466	9.379	9.291	9.202	9.112	9.020
6	7.718	7.559	7.396	7.313	7.229	7.143	7.057	6.969	6.880
7	6.469	6.314	6.155	6.074	5.992	5.908	5.824	5.737	5.650
8	5.667	5.515	5.359	5.279	5.198	5.116	5.032	4.946	4.859
9	5.111	4.962	4.808	4.729	4.649	4.567	4.483	4.398	4.311
10	4.706	4.558	4.405	4.327	4.247	4.165	4.082	3.996	3.909
11	4.397	4.251	4.099	4.021	3.941	3.860	3.776	3.690	3.602
12	4.155	4.010	3.858	3.780	3.701	3.619	3.535	3.449	3.361
13	3.960	3.815	3.665	3.587	3.507	3.425	3.341	3.255	3.165
14	3.800	3.656	3.505	3.427	3.348	3.266	3.181	3.094	3.004
15	3.666	3.522	3.372	3.294	3.214	3.132	3.047	2.959	2.868
16	3.553	3.409	3.259	3.181	3.101	3.018	2.933	2.845	2.753
17	3.455	3.312	3.162	3.084	3.003	2.920	2.835	2.746	2.653
18	3.371	3.227	3.077	2.999	2.919	2.835	2.749	2.660	2.566
19	3.297	3.153	3.003	2.925	2.844	2.761	2.674	2.584	2.489
20	3.231	3.088	2.938	2.859	2.778	2.695	2.608	2.517	2.421
21	3.173	3.030	2.880	2.801	2.720	2.636	2.548	2.457	2.360
22	3.121	2.978	2.827	2.749	2.667	2.583	2.495	2.403	2.305
23	3.074	2.931	2.781	2.702	2.620	2.535	2.447	2.354	2.256
24	3.032	2.889	2.738	2.659	2.577	2.492	2.403	2.310	2.211
25	2.993	2.850	2.699	2.620	2.538	2.453	2.364	2.270	2.169
26	2.958	2.815	2.664	2.585	2.503	2.417	2.327	2.233	2.131
27	2.926	2.783	2.632	2.552	2.470	2.384	2.294	2.198	2.097
28	2.896	2.753	2.602	2.522	2.440	2.354	2.263	2.167	2.064
29	2.868	2.726	2.574	2.495	2.412	2.325	2.234	2.138	2.034
30	2.843	2.700	2.549	2.469	2.386	2.299	2.208	2.111	2.006
∞	2.665	2.522	2.369	2.288	2.203	2.114	2.019	1.917	1.805

附录 6

威尔科克森秩和检验临界值
Wilcoxon Rank-Sum Table

		Lower Tail					Upper Tail				
N1	N2	0.005	0.01	0.025	0.05	0.1	0.1	0.05	0.025	0.01	0.005
4	4	10	11	13	14		23	25	26		
5		10	11	12	14	15	26	28	29	30	
6		10	11	12	13	15	29	31	32	33	34
7		10	11	13	14	16	32	34	35	37	38
8		11	12	14	15	17	35	37	38	40	41
9		11	13	14	16	19	37	40	42	43	45
10		12	13	15	17	20	40	43	45	47	48
5	5	15	16	17	19	20	35	36	38	39	40
6		16	17	18	20	22	38	40	42	43	44
7		16	18	20	21	23	42	44	45	47	49
8		17	19	21	23	25	45	47	49	51	53
9		18	20	22	24	27	48	51	53	55	57
10		19	21	23	26	28	52	54	57	59	61
6	6	23	24	26	28	30	48	50	52	54	55
7		24	25	27	29	32	52	55	57	59	60
8		25	27	29	31	34	56	59	61	63	65
9		26	28	31	33	36	60	63	65	68	70
10		27	29	32	35	38	64	67	70	73	75
7	7	32	34	36	39	41	64	66	69	71	73
8		34	35	38	41	44	68	71	74	77	78
9		35	37	40	43	46	73	76	79	82	84
10		37	39	42	45	49	77	81	84	87	89
8	8	43	45	49	51	55	81	85	87	91	93
9		45	47	51	54	58	86	90	93	97	99
10		47	49	53	56	60	92	96	99	103	105
9	9	56	59	62	66	70	101	105	109	112	115
10		58	61	65	69	73	107	111	115	119	122
10	10	71	74	78	82	87	123	128	132	136	139

附录 7

威尔科克森符号秩检验临界值

Wilcoxon Signed-Rank Table

N	0.1	0.05	0.02	0.01	0.005	0.001
6	2	0				
7	3	2	0			
8	5	3	1	0		
9	8	5	3	1	0	
10	10	8	5	3	1	
11	13	10	7	5	3	0
12	17	13	9	7	5	1
13	21	17	12	9	7	2
14	25	21	15	12	9	4
15	30	25	19	15	12	6
16	35	29	23	19	15	8
17	41	34	27	23	19	11
18	47	40	32	27	23	14
19	53	46	37	32	27	18
20	60	52	43	37	32	21
21	67	58	49	42	37	25
22	75	65	55	48	42	30
23	83	73	62	54	48	35
24	91	81	69	61	54	40
25	100	89	76	68	60	45
26	110	98	84	75	67	51
27	119	107	92	83	74	57
28	130	116	101	91	82	64
29	140	126	110	100	90	71
30	151	137	120	109	98	78
40	286	264	238	220	204	172
50	466	434	397	373	350	304
60	690	648	600	567	537	476
70	960	907	846	805	767	689
80	1276	1211	1136	1086	1039	943
90	1638	1560	1471	1410	1355	1240
100	2045	1955	1850	1779	1714	1578

附录 8

斯皮尔曼等级相关系数表

Spearman's Rank Order Correlation Coefficient Table

N	0.2	0.1	0.05	0.02	0.01	0.001
2	1.000	1.000				
3	0.800	0.900	1.000	1.000		
4	0.657	0.829	0.886	0.943	1.000	
5	0.571	0.714	0.786	0.893	0.929	1.000
6	0.524	0.643	0.738	0.833	0.881	0.976
7	0.483	0.600	0.700	0.783	0.833	0.933
8	0.455	0.564	0.648	0.745	0.794	0.903
9	0.427	0.536	0.618	0.709	0.755	0.873
10	0.406	0.503	0.587	0.678	0.727	0.846
11	0.385	0.484	0.560	0.648	0.703	0.824
12	0.367	0.464	0.538	0.626	0.679	0.802
13	0.354	0.446	0.521	0.604	0.654	0.779
14	0.341	0.429	0.503	0.582	0.635	0.762
15	0.328	0.414	0.485	0.566	0.615	0.748
16	0.317	0.401	0.472	0.550	0.600	0.728
17	0.309	0.391	0.460	0.535	0.584	0.712
18	0.299	0.380	0.447	0.520	0.570	0.696
19	0.292	0.370	0.435	0.508	0.556	0.681
20	0.284	0.361	0.425	0.496	0.544	0.667
21	0.278	0.353	0.415	0.486	0.532	0.654
22	0.271	0.344	0.406	0.476	0.521	0.642
23	0.265	0.337	0.398	0.466	0.511	0.630
24	0.259	0.331	0.390	0.457	0.501	0.619
25	0.255	0.324	0.382	0.448	0.491	0.608
26	0.250	0.317	0.375	0.440	0.483	0.598
27	0.245	0.312	0.368	0.433	0.475	0.589
28	0.240	0.306	0.362	0.425	0.467	0.580
29	0.236	0.301	0.356	0.418	0.459	0.571
30	0.232	0.296	0.350	0.412	0.452	0.563

参考文献

■ 国内文献

백원선, 최관. 1999. 이익지속성이 순자산과 회계이익에 대한 주가배수에 미치는 영향. 회계학연구. 제24권 제4호; 61-83.

손성규, 정기위, 고재민. 2010. 이사회의 독립성, 공시의 적정성, 그리고 시장 반응. 회계저널. 제19권 제5호; 33-65.

최정호. 2008. 이익의 질과 기업가치에 관한 실증적 연구. 증권학회지. 제37권 5호; 813- 839.

강병서, 조철호. 2013. 의사결정을 위한 현대통계학. 무역경영사.

강현곤, 김선민. 2013. 비계량인을 위한 경영통계. 한경사.

고길곤. 2014. 통계학의 이해와 활용. 문우사.

권수영, 김문철, 손성규, 최관, 한봉희. 2010. 자본시장에서의 회계정보유용성 분석·평가·활용. 신영사

김동욱, 남궁평, 박종선, 허문열, 홍종선. 2004. 통계학계론. 박영사.

나명환, 서성채. 2016. 엑셀로 통계 따라잡기. 전남대학교출판부.

노형진. 2014. SPSS를 활용한 회귀분석과 일반선형모형. 한올출판사.

노형진, 정한열. 2010. 경영통계학. 한올출판사.

박유성, 김기환, 2016, SAS/ETS를 이용한 계량경제·금융자료 분석, 자유아카데미.

성웅현. 2009. 응용로지스틱 회귀분석-이론, 방법론, SAS활용. 탐진.

송문섭, 조신섭. 2015. SAS/Enterprise Guide를 이용한 통계자료분석. 자유아카데미.

오웅락. 2016. SAS를 활용한 논문쓰기. 탐진.

이원우. 2004. 알기쉽게 풀어쓴 통계학. 박영사.

이종원. 2004. 경영경제통계학. 박영사.

이종원. 2009. 계량경제학. 박영사.

이종원, 최현집. 2008. SAS를 이용한 통계분석. 박영사.

이훈영. 2012. 이훈영교수의 통계학. 청람.

조인호. 2004. SAS강좌와 통계컨설팅, 영진닷컴.

홍종선. 2012. SAS와 통계자료분석. 탐진.

■ 国外文献

Dechow, P. M. 1994. Accounting Earnings and Cash Flows as Measures of Firm Performance: The Role of Accounting Accruals. Journal of Accounting and Economics. 18(1) : 3-42.

Ohlson, J. A. 1995. Earnings, Book Values and Dividends in Security Valuation. Contem- porary Accounting Research 11(2): 661-687.

Anderson D. R., Sweeney D. J. and Williams T. A. 2016. Essentials of Modern Business Statistics with Microsoft Office Excel. Cengage Learning.

Berenson M. L., Levine D. M. and Krehbiel T. C. 2012. Basic Business Statistics: Concepts and Applications. Pearson.

Boehmer E., Broussard J. P. and Kallunki J. P. 2008. Using SAS in Financial Research. SAS Institute Inc.

Chatterjee S. and Hadi A. S. 2012. Regression Analysis by Example. Wiley.

Gujarati D. and Porter D. 2009. Basic Econometrics. McGraw-Hill.

索 引

Using SAS in Accounting Research Methods

:The Analysis and Use of Financial Statement

SAS 在会计学研究中的应用

초판발행 · 2022. 2. 14.

지은이 · 전 성 일 · 이 기 세

역자 · Panpan Feng

펴낸이 · 김 대 명

펴낸곳 · 나우퍼블리셔

등록번호 · 2020년 1월 20일 (제2020-000005호)

주소 · 서울특별시 성동구 한림말5길 11 덕성빌딩

전화 · 010-9133-5272 | 팩스 02-6305-3639

전자우편 · nowpublisher@daum.net

홈페이지 · www.nowpublisher.co.kr

ISBN · 979-11-91345-17-9 93320

정가 18,000 원

저자와의 협의하에 인지 생략